猴 面 包 树

왕   이   된

别把孩子
教成"国王"

자   녀,

싸   가   지

[韩] 李丙准 著   拓四光 译

上海三联书店

코   칭

序言

为何孩子们
会成为"暴君"
？

"你算老几啊，就对我指手画脚的。"

"现在马上把我的东西放下。"

"马上给我买新的。"

"我用自己的零花钱买的笔记本电脑，妈，你有什么资格说这说那啊？！"

"今天真是气死老子了，这帮崽子看来是串通好了的。"

"啊，真是够烦人的。烦死了。"

"等你们老了我就把你们扔到养老院去。"

"等你们下跪求饶的时候我再考虑要不要原谅你们。"

"你刚才说什么？是你们先朝我大声喊的！所以我也喊回去，不行吗？"

"我这辈子已经完了，打算就这么活到死。"

"我都已经放弃我自己了，妈，你为什么还要坚持？"

"啊，真是扫兴！让人瞬间就没心情学习了。"

············

现在的孩子就是这么跟父母说话的，看起来也许有些夸张，但事实就是如此。正在用我的希望教育法教育孩子的父母会在kaokaotalk[1]上和我保持交流，上述这些话和家长们发给我的一模一样。越来越多的孩子把这些话当作日常用语，越来越多的父母不得不面对这种情况。孩子们成了不折不扣的"暴君"，而父母则是胆战心惊地站在"暴君"面前瑟瑟发抖的百姓。不过，就算是暴君也会履行其基本职能吧，可我们现在讨论的这些"暴君"，他们唯一擅长的只有施暴本身。

　　孩子们很可怕；孩子们成了"国王"，成了主人……这些说法成立吗？对于当代韩国家庭来说，这些说法确实站得住脚。有一段时间，来找我做指导或咨询的父母数量激增，因为孩子成了"国王"、孩子过于可怕、孩子不受控制，总之孩子让父母难以承受。有的父母是因为读了我的上一本书《大孩子的希望教育法》而过来找我，他们的眼神里满是恐惧和绝望。来找我咨询的家庭的孩子只要到了小学高年级就非常难相处，升到初中之后会变得无比陌生，他们的眼神里充满了戾气，会握着刀、剪子这类的器物或者高尔夫球杆到处横行霸道。无论是父母还是其他人，只要惹到他们，立马就会听到"我要

1　　Kaokaotalk：韩国使用率最高的大众通信软件，相当于微信。——译者注

杀了你"这样的话。也有些孩子嚷嚷着"我要去死！"，然后做出极度危险的行为。面对这种情况的父母无不心惊胆战、瘫坐在地。

面对这种孩子，父母既觉得荒唐又不知所措。虽然这些父母表示不能再这样任由孩子胡来，下决心要尝试一下我的希望教育法，但现实是，话还没说出口就需要吃颗牛黄清心丸定定神，更别提该说些什么、从哪里说起了。有的母亲会拿着我给的教育指南，自己跑到公寓楼下的停车场做练习。练习中，只要一想到孩子可能会有的反应，她们就会怕到瑟瑟发抖，需要深呼吸好多次才能平静下来。可就算是练习到这个分儿上，真正和孩子面对面实战的时候，大人还是会被他们一字一句地顶撞到哑口无言。放弃对话转身后，孩子反而会来一句"这人可真好笑"。这种话像刀一样插在父母的后背，且这种情况很常见。

孩子们是从何时开始成为"暴君"的？父母又是从何时起变得如此软弱？我们又该如何解释这一反客为主的"奇观"？现如今，连顶嘴都可以归类为可爱的行为，可这些孩子的行为早已不是单纯的顶嘴。直接对着父母大喊"你妈的"，竖起中指得意扬扬地弄坏家里的东西，对父母施暴，类似的现象比比皆是。他们其至理直气壮地合理化自己的行为——"因为你们惹我生气我才摔东西""因为被骂了所以才骂人""因为你找打所以我打你了"。

有的父母对此持乐观态度，认为等孩子长大了这些问题自然就不存在了。这种想法体现出父母的无知。实际上，现在的孩子没有所谓"长大了就会听话"的大脑结构，且就算不看现在，战后[1]生育高峰期出生的人中也有很多和自己的成年子女一起生活的，有结婚生子的孩子，也有单身啃老的孩子。讽刺的是，父母越是高学历高收入，这种情况就越普遍。正是这类父母不明白孩子为何会变成那样，也不知道该如何应对。因为这类父母坚信一套老掉牙的心理学：只要努力生活，所有的问题都会迎刃而解。这套老掉牙的心理学曾指出：子女的所有问题其实都是父母的问题。于是，他们自愿做这套不可反驳的理论的奴隶，认为是自己的不足导致这一切的问题，所以孩子们愈发会成为气势汹汹的"暴君"，而父母愈发显得卑微无能。

---

[1] 这里的"战后"应是指朝鲜战争。——译者注

　　此外，无论是法律还是社会制度，都是绝对向孩子倾斜的。"家庭暴力"这个词完全剥夺了父母对孩子的处罚权。当代父母就如同没了牙齿的老虎和生了锈的刀，连一句斥责的话都说不了，这一结果是由过去的父母对孩子的处罚方式近乎虐待导致的。但无论如何，做错事的孩子必须受到惩罚。惩罚与奖励是行为心理学的两大支柱。通过奖励强化正面积极的行为，通过惩罚消除或减少负面消极的行为，这才是正确的教育子女的方式。可现代社会一味地强调奖励而把惩罚排除在外。当然，任何理由都绝对不能合理化家庭暴力和虐待行为。但如果过于执着这一点而最终导致父母的处罚权都被剥夺的话，那真的是因小失大。用西方谚语来说就是"倒洗澡水的时候把孩子也倒掉了"，用我们的话说就是"为了抓一只臭虫而烧掉了整片山间草房"。

　　已被子女"殖民统治"的父母需要"光复"。要做到这一点，首先要忘记"过度以孩子为中心"的教育方式。该教育方式源自1990年以前以"匮乏理论"为根据的心理学。可1990年以后，教育面临的问题早已不是"匮乏"，而是"过度"。为了实现"光复"，家长们应该养精蓄锐，只有强大有力的父母才能成功脱身。但当你真的去尝试才会发现，你以为自己是手握权力的主体，实际上你只是软弱不堪的存在。不过，也不必因此担心或泄气，因为无论何时，父母都是孩子的灯塔和罗盘，可以先从父母独立做起。乘坐飞机遇到危急情况时，座位上方会掉落氧气面罩，父母都会先给孩子戴上再给自己戴，但乘务员会强调：请先戴好自己的氧气面罩再去帮助他人。

2012年，我出版了《大孩子的希望教育法》一书，这本书是其后续作品。很多父母看过我的上一部作品后，纷纷来找我做未成年子女指导。本书中有很多案例来自这些家庭，虽然每个家庭的故事各不相同，但问题几乎都是相同的。相同的语气、相同的思考方式、相同的不满，以及相同的愤怒，孩子们就像同一个工厂的流水线产品，就这样被程序化、被洗脑。最明显的问题就是暴力和上瘾。这些孩子将来还会面临更严重的问题：他们会失去活力；他们会变得眼神涣散，整个人无精打采；他们会对万事万物都失去兴趣，也会毫无自觉性；他们还会失去同理心，无法做到为他人着想，最后只会被简单且廉价的快乐俘虏，成为奴隶。所以，他们动不动就会大声咆哮，说出"我要杀掉×××"或"我要去死"之类的话，并喷射出如活火山熔岩般的愤怒。孩子接受的不是教育而是饲养。在被饲养的过程中，他们丧失了感知幸福的能力，所以才会愤怒。当然，这一点是孩子本人和父母都意识不到的。

这本书会详细指出孩子们为何会成为"国王"，又为何只能成为"暴君"，也会说明孩子的言语和行动让人费解的理由。想要治好病就必须有正确的诊断书。有了明确的诊断信息，才能做到对症下药。如果您觉得本书中收录的事例和您子女的情况一模一样，那说明一切都还是有希望的。同样的症状，解决方法也是相同的，试试我的教育方法，您很快就会看到效果。

还有一点需要牢记：这些可怕的成了"国王"的孩子也是受害者，他们需要温暖的怀抱。制度化、格式化的教育导致孩子们成长为不会独立思考的人。胜者独食的世界将他们玩弄于股掌之中，剥夺了他们尽情追梦的机会。每当他们想尝试做些什么的时候，总是会被无形之墙撞得头破血流，最终他们不得不承认自己的无能，进而深陷于绝望的沼泽之中。他们渴望幸福却从未感受过幸福，蓦然回首才发现，原来自己早已失去了感知幸福的能力。所以，留给家长的是双重课题，一方面要帮助孩子减少粗鲁无礼的行为，另一方面要给予孩子勇气，把他们培养成面对汹涌的波涛也毅然选择激流勇进的人。同时，帮助孩子找回感知幸福的能力也是家长必须完成的使命。

本书的终极目标就是让父母明白，子女教育要由自己来负责。作为父母，就是要把孩子教育成比自己更好的人，然后放飞他们，让他们到世界大舞台上去。生存技能等功能性教育由学校来负责，可人性和智慧教育绝对是父母的责任。只有两者相辅相成，孩子才能在世界大舞台上自由起舞。无论是大孩子还是可怕的孩子，无论是成了"国王"的孩子还是失去活力的孩子，希望家长不要对他们失去信心，不要陷入绝望。您的孩子由您亲自来教育，即使从现在开始依然来得及！

目 ● 录

第三部分

希望教育法实战

/194

尾　声

父母是孩子最好的老师

/270

附　录

希望教育法检查清单

/274

第一部分

—•—●—•—

为何孩子会成为"暴君"

家里的"小皇帝"：愤怒的孩子们

无论是自家的孩子，还是别人家的孩子，都让人觉得可怕。当他们一脸愤怒、不分青红皂白地发动攻击的时候，任谁都束手无策。父母明知道他们所谓愤怒的理由全都是狡辩，却也无力反驳。唐纳德·温尼科特（Donald Winnicott）曾在其著作《剥夺与不良行为》（Deprivation and Delinquency）中表示，孩子之所以会愤怒是缺乏爱和关怀。可事实好像并非如此，那么在充分给予了爱和关怀的情况下，孩子为什么还会愤怒呢？

我要"杀掉"所有伤害过我的人！

儿子的眼神让L觉得毛骨悚然。那不是正常人的眼神。"我要把×××杀了"这种话从来都是脱口而出，而且不是说说而已，感觉他真的会做出这种事来。儿子上小学时被孤立过，之后他和朋友们每天都把这句话挂在嘴边。虽然从小学开始父母就带着儿子去过多家咨询中心和精神科室，可儿子成年之后还是被诊断出患有精神分裂症。不能正常服兵役，也不能正常参加工作，他就这么一直和父母一起生活着。他曾经抡起爸爸的高尔夫球杆砸过电视，也砸过卧室的大玻璃窗。总之，整个家里没有一处地方是完好无损的。

总有一天我会"杀了"我爸这个×××

30岁的杨某在工作了一段时间后递交了辞呈，现在正在准备公务员考试。杨某很擅长学习，学生时期一直都是优等生。她从名校毕业后顺利地入职大公司，但公司里的"老顽固"[1]上司让她饱受心理上的折磨，最终她还是选择了辞职。那个"老顽固"上司和杨某的父亲简直一模一样。不管是上司还是父亲，她都想一并"杀死"。她也会担心如果换了工作又遇到像父亲一样的人该怎么办，但无论是父亲还是上司，她都绝不会心慈手软。因为所有问题的根源都在她父亲，所以她绝对不会原谅他。

1　形容倚老卖老、强调权威主义和喜欢说教的人。——译者注

上述事例并非假想的故事，而是我在咨询现场听到的事实。虽然出于保护个人信息的目的稍有改动，但这些确实是可以用"愤怒中毒"来形容的事实案例。现在的子女心中都有气，且不仅仅是气，还到了全身布满岩浆随时会火山爆发的程度。可为什么孩子们会如此愤怒呢？

由于自我控制力不足而愤怒

首先，孩子会因为当下的欲望不能马上被满足而愤怒。这是生物学意义上出于本能的气，人类确实会因为当下的愿望得不到及时满足而愤怒。即使是婴儿也会生气，如果妈妈在其因饥饿而哭泣时没有及时给予回应，之后吃奶时婴儿就会用力咬住妈妈的乳头。稍微大一点的孩子，会因为大人禁止他们玩手机、看电视、睡懒觉、吃垃圾食品、去网吧等而愤怒。

其次，反弹效应也会引起愤怒。反弹效应是指想做出相反行为的冲动。孩子对让做的事情会极度厌烦，不让做的事情却偏偏要做。比如，孩子想玩游戏，家长却偏偏要他学习；或者孩子想玩一会儿，家长却要他打扫卫生或刷碗……这种时候，孩子就会生气。又或者，本来孩子已经下定了决心要好好学习或是运动，这时如果父母命令他这么做，他马上就会产生逆反心理，并且会愤怒。这个时期，他们正处于不听话的阶段，无论父母让他们做什么，他们都会心生厌恶。他们的表情，和下人对主人指手画脚时主人一脸不爽的样子一模一样。

虽然这都是日常的情感流露，但人总会有想做的事不能做、不想做的事却必须要做的时候，这刚好是教育负责的事情。对此，训练有素的孩子远比同龄人出众，这样的孩子在迈入成年人的世界后人际关系方面也无须过于担心，通常都会家庭美满、事业有成。必要的情况下，即使讨厌的事情也可以做得下去，即使想做的事也会视情况选择终止或推迟，这就是自我控制力。自我控制力的第一个要素，是忍耐负面情绪的能力，即在一段时间内可以忍住愤怒、生气、反感、厌恶、郁闷、委屈等情绪的能力。

近些年，每到新学期开学的时候，学校老师都很苦恼，因为一年级的新生完全不受管束。他们会在上课时间随心所欲地跑出教室去上厕所，老师安排任务时他们会反问一句："我凭什么要做？"（此类行为被称为受害者综合征）老师让他们坐下的时候他们会甩出一句"我不要"，就是这样明目张胆地不守规矩。他们不高兴时，会紧皱眉头瞪大眼睛躺在地上。至于随意扔东西、打碎东西的情况，更是不计其数。这些孩子在家里都是"暴君"，到了学校自然不可能彬彬有礼。此类情况在临床上被称为"冲动调节障碍（Impulse control disorder）"，它与病态赌博心理相似，由于本能的原始欲望过强、自我保护能力较弱，无法自行调节冲动，继而引起精神方面的障碍。这些孩子的父母，或者过度纵容，或者反应过激。无论在家还是在学校，或者在其他地方，这些孩子都会肆无忌惮地行动，因为他们从儿时起就被允许为所欲为。对这种模式坚信不疑的父母是愚蠢的，他们甚至无法分辨什么是自由奔放，什么是没规没矩。

自我控制力的第二个要素，是终止或延迟做喜欢的事情的能力。能够忍住欲望、做到自我调控的孩子，在任何方面都要优于常人。众所周知的"棉花糖实验"也曾证明过这一点。[1] 想要培养具有自我控制力的孩子，就

---

1 棉花糖实验（Stanford Marshmallow Experiment）是斯坦福大学沃尔特·米歇尔（Walter Mischel）博士1966年到20世纪70年代早期在幼儿园进行的有关自制力的一系列心理学经典实验。在这些实验中，孩子可以选择立刻得到一样奖励（有时是棉花糖，也可以是曲奇饼、巧克力等），或者选择等待一段时间，实验者返回房间（通常为15分钟），得到相同的两样奖励。在后来的研究中，研究者发现能为偏爱的奖励坚持忍耐更长时间的孩子通常具有更好的人生表现。——译者注

要在他们同时面对作业和游戏时，教育他们先完成作业再玩游戏。这样才能锻炼他们延迟满足自己的喜好、先做讨厌的事的能力，同时还能让他们意识到完成任务后玩耍更自由、更有趣。

缺乏自我控制力的原因并非认知力不足或缺乏父母关爱，恰好相反，它是过度尊重孩子、过度以孩子为中心的结果。从未听过"别这么做""不可以这么做""这么做的话是不能用的"等表示禁止的反馈，或者从未被惩罚过的孩子，好似没有刹车的汽车或没有舵的船。孩子们的愤怒来自他们以自我为中心的思想，同时也是他们缺乏自我控制力的表现。需要忍耐的时候就得忍耐，需要等待的时候就要等待。

因"受害者综合征"引发的愤怒

"以前受过伤，现在不得不这么做，所以你得理解我，满足我的需求。"他们认为自己一直都是受委屈的人，身边的人从来都只会让自己身心疲惫。他们认为包括父母在内的所有成人都在用一种极不合理的方式对待自己，进而认为世界充满了不公正的人和不公平的事。孩子们认为自己一直都是受害者，因为有"所有外部因素都在折磨自己"这个正当理由，所以发怒也是无可奈何的事。

在学校，如果老师要求某个孩子去做点什么的话，孩子会反问："老师为什么只使唤我，为什么不使唤他？"这是典型的受害者综合征的表现。在家里也会有这种情况。父母责备犯了错的大孩子，大孩子会觉得"我好委屈，妈妈为什么不说弟弟/妹妹，为什么只说我一个人"。明明是自己犯了错，家长在说他的问题，可他却觉得委屈，因为只有自己被训斥。实际上，现在的孩子大多有受害者综合征，都觉得自己委屈无比，认为自己是受害者。如果父母的性格偏软弱的话，就会被孩子视为好欺负的对象，被冠以加害者的罪名，孩子会借此发泄自己身上所有的愤怒。

孩子有受害者综合征是过度以孩子为中心的教育方式导致的。过度以孩子为中心在心理学上是指对于孩子表达情绪的行为给予过高的容忍度。通常情况下，一个家庭对于情绪表达的容忍程度，是衡量该家庭是机能不全家庭[1]还是正面积极型家庭的尺度，是衡量家庭成员精神健康与否的尺度，是衡量家庭成员关系亲密度的尺度。情绪表达在何时何地都理应被接受，但接受情绪表达绝不意味着表达情绪的人可以肆意妄为，也绝不意味着他们有了免罪符。人类在表达情绪时需要为其行为付出代价。过度以孩子为中心的教育方式倾向于只接受情绪，不问责行为，所以孩子认为情绪无须过滤都可以直接表达出来，从而养成了随心所欲发火的习惯。很多育儿书里都表示接受孩子情绪的父母才是好父母，反之则是不好的父母，这种非黑即白的育儿公式引导父母无条件接受孩子盛气凌人的行为，因为没人想做不好的父母。

弗洛伊德曾提出"本我（id）"为欲望，意识到这一点是很重要的。"本我"代表的是人类最本能最原始的欲望，但如果人只追求"本我"就会变成傲慢无比的存在。这时，我们就需要"自我（ego）"来调节，"自我"具有调节"本我"的功能。"超我（superego）"是追求人生意义和自我价值的存在。人类只有在婴儿时期才会被允许毫无

---

1 机能不全家庭，表现为家庭中持续并经常存在冲突、不法行为，或发生针对家庭中部分成员的虐待（包括生理、心理或性的虐待等）事件，而其他的家庭成员则对这些事件采取容忍的态度。——译者注

保留地表达原始本能，婴儿期后就开始需要有"自我"和"超我"。哪怕是幼儿，也应当学习适当调节自身情绪的方法。现在的孩子正是因为从未学习过自我控制与调节，一直随心所欲地表达情绪，才成了为所欲为的"暴君"，只要他们觉得某件事对自己有一点点不利，就会大喊委屈并因此而愤怒。

因强制平等而愤怒

因为生气所以弄坏了家里的物品

孩子(初二，男)因为生气把家里的多功能一体机摔坏了。他去网吧玩到晚上7点才回家，爸爸强忍着怒火去房间里看他，结果他却把他爸赶了出去，还说并不想和他谈。爸爸隔着房门问他："为什么要摔东西？"结果他一字一句地说道："因为生气所以摔了，怎么了？我不能摔东西吗？你们俩不也摔东西吗？"我们反问他："爸爸妈妈什么时候摔东西了？"他却觉得搞笑。明明是他自己又发火又摔东西，最后却把责任推到父母身上——因为爸爸妈妈摔东西所以自己也这么做了。可问题是，我们从来就没摔过东西啊。

上述事例中的孩子正是因强制平等而愤怒，利用父母为自己的行为赋予正当性，将自己置于和父母相同的地位。这种认为自己和包括父母、教师在内的所有成人都处于同一位置的现象即为强制平等。这也是从小就接受以孩子为中心的教育的结果。孩子们在无意识中养成了追求平等的习惯，所以才会表现出顽固不化的自私特性。老师现在都不会安排学生打扫卫生了，因为偶尔让他们打扫教务室的时候会被反问："为什么你们的房间需要我们来打扫啊？"这也是强制平等的表现，因为孩子们是站在奴役而非教育的角度去看待这件事的。他们连基本的尊重都难以做到，更不用提尊敬了。父母在家里安排孩子刷碗的时候，他们会计较"爸爸妈妈用的碗为什么要我来刷"。如果不想让孩子成为强制平等的奴隶，就要让他们从小就学会做家务，分担家庭责任，与此同时，也应让他们了解"人类是群居动物""生活中需要互相尊重""要学会为别人着想"等道理。

我们每个人都有价值，在这一点上，大人和孩子并无分别。然而，各自拥有的力量和所承担的社会角色不同，决定了价值的差异。所以，一旦孩子开始追求强制平等，就会把这种差异视为区别对待。孩子认为自己与父母的等级相同，如果父母做了对不起自己的事，自己理所应当可以对父母做出判断。正因为如此，近些年举报父母对自己使用家庭暴力的孩子的数量急剧增长。虽然我在此处用了"判断"一词，但实际上孩子们会认为自己的行为是对父母的处罚，所以并不会觉得弄坏东西或者打父母是一种错误。

孩子从小就得到大人的过度尊重也是其追求强制平等的原因之一。比如，一家人出门就餐，如果孩子从小就有优先点餐的权利，那这家人就会养成任何事情都让孩子优先选择的习惯，进而会把孩子当成拥有与大人同等权利的主体对待。孩子也有独立的人格，给予其选择权是理所当然的，但这并不代表孩子和父母可以站在同一位置上。大人可以喝酒而未成年孩子却被禁止喝酒，孩子如果因此觉得委屈，那就是在追求强制平等。大人们喝酒时让未成年孩子喝饮料就没什么不妥，喝酒是成年人才有权利做的事，未成年的孩子没有这项权利。同样的，父母外出参加聚会把孩子留在家里，孩子觉得委屈的话也是在追求强制平等。

因心理上的孤儿感而愤怒

大部分韩国妈妈都会因焦虑而过度担心。父母的过度焦虑，尤其是妈妈的焦虑会让孩子有种被拒绝感。被拒绝感一直持续下去的话，孩子就会在心理上认为自己是"孤儿"。妈妈的心过于焦虑，没有空间接纳孩子的想法和感受，孩子就会认为自己是不被接纳的存在。孩子小的时候需要妈妈的照顾所以比较听话，到了小学高年级或初中，他们拥有一定能力之后，就会疯狂发怒、奋力反抗。自己曾无数次靠近妈妈，结果却被妈妈一脚踢开，于是他们拒绝和妈妈对话，面对妈妈总是无条件反抗、愤怒。孩子大喊着"我就是讨厌妈妈"的场景，看得妈妈们胆战心惊，然后她们会比之前更焦虑。

我来打个比方，帮助大家快速理解。航空母舰上的飞机完成出征任务准备返回时，发现航空母舰已被击沉，飞机没有任何可以着陆的地方；执行任务期间有人受伤需要及时处理，又或是飞机遭到攻击再不降落会有爆炸的危险，而此时却没有可降落的地点……这时候该怎办呢？无法降落也无法做紧急处理，如果结果就是飞机和机内人员一起沉入大海的话，你会做何感想？妈妈的焦虑值过高时孩子产生被拒绝感的情况与此相似。孩子需要一个空间释放他在外面经历的痛苦、绝望、委屈和愤怒，且需要有人来接纳这些情绪，最适合扮演这个角色的人就是妈妈。如果妈妈没有扮演好这个角色，孩子在心理上就会有孤儿的感觉，因此会向妈妈紧闭心门或发泄百万吨级别的愤怒。不明所以的妈妈看到孩子突然变得很奇怪，只会担心他是不是在和不良少年来往或是进入了青春期。

我再举一个家庭中的例子来说明这个问题。孩子说"妈妈，我不想去上学"，这是孩子当下的感受。首先，妈妈要好好听孩子说话并读出他内心的想法。过于焦虑的妈妈听到孩子说不想去上学只会胆战心惊，然后以非常急躁的方式解决问题。"这孩子在这儿瞎说什么呢！你必须得去上学！""不去上学的话以后就会饿死。"这种回答是老师的风格。"你不想上学这想法本身就大错特错，知道吗？"这种回答实际是在指责。"这小子真是懒得要死，凭什么不去学校？找死吗？"这种就是直接训斥。如果用上述方式回答孩子，孩子就会做出"妈妈是不会听我倾诉的"这样的判断。当孩子说"不想去上学"的时候，妈妈如果反问一句"不想去上学吗"，就会打开一条通道，让孩子可以敞开心扉解释理由。通过这扇对话之门妈妈才能真正做到接纳情绪、解决问题，否则，对过于焦虑的妈妈来说，发生任何事情都会变成问题。

孩子不想去学校有可能是单纯的发牢骚，即孩子并不是铁了心不去学校，而是当下有讨厌上学的情绪而已。只要有人接受孩子的牢骚，这份情绪就会消失，意志力就会重新发挥作用。孩子发牢骚说："啊，不想上学！"他的好朋友会说："你不想上学？我也是，但能怎么办呢，该上还是得上。""嗯嗯，我也不想去！"此时，不想上学的情绪被接纳了，意志力就会被重新构建。用发牢骚来回应发牢骚的关系会给人提供一种"关系型安全感"，妈妈正是可以提供这种安全感的角色。但如果妈妈没能用牢骚来回应牢骚，而是把牢骚视作问题，用不满来回应，那么孩子在情绪得不到接纳的情况下，就会突然变得奇怪，甚至被贴上"问题少年"的标签。对于用这种方式回应自己的妈妈，孩子也不会再敞开心扉。当孩子觉得没有任何人倾听自己的心声时，就会产生心理上的孤儿感。所以，即便实际上有父母，他们在精神上还是会觉得自己是孤儿。

孩子真的铁了心不想去上学，有可能是因为懒惰，也有可能是因为对上学本身产生了怀疑。他要么在老师那里受了委屈，要么和同学产生了误会，或是被孤立，遭到了暴力对待，也有可能是他一时冲动伤害了别人。想要解决问题就要明确问题主体到底是谁。很明显，"不想上学"这个问题的主体是孩子而不是妈妈，但是过度焦虑的妈妈总会下意识地把这当作自己的问题，在叹息中陷入绝望。孩子的叹息指数只有30%，妈妈的叹息指数却高达300%。这种情况下，孩子怎么可能对妈妈敞开心扉呢？

我在辅导父母的过程中发现，很多父母会面临这种情况：孩子在上小学或初中时，无论是学习还是行为举止，都完美到挑不出一点毛病，但上初中或高中的时候就突然变化特别大。父母既搞不清楚原因，也不知道该怎么做。大部分家长都把孩子的"突变"归咎于交友不慎（朋友其实是无辜的）或沉迷于智能手机、游戏等行为。实际上，这种变化并不是突然发生的，而是因为过于焦虑的妈妈们没有提前消除那些可能会引发焦虑的因素，孩子长大后，这项工作更不可能完成，与此同时，孩子已经长成了拥有自我力量的主体，所以才会变成和之前截然相反的模样。

焦虑还会转化为不信任。不被信任就等于不被接受，就等于被拒绝。孩子从小开始，就会因父母（尤其是妈妈）不信任自己而反抗，所以妈妈们需要去发现焦虑的源头在哪里，从现在开始成为信任孩子的那一方。

父母——尤其是妈妈——应该像大海一样。大海可以容纳大江大河，不论清澈浑浊，即使多条江河同时涌来，大海也会一并接纳，同时自我净化的能力使其始终保持着生命力。海洋中有各式各样的生物，有时台风搅动海水使海洋生物遭到破坏，但这也使得大海的生命力因自我净化而变得更强。正因如此，海洋才会被认为是所有生命的母亲。海水蒸发后会变成云，云朵降雨，雨水滋养大地万物后随着江河重新汇入海洋。孩子在成长期间，应该让其在妈妈这片海洋中尽情奔腾。

因被剥夺机会而愤怒

孩子们是让人不断有挫折感的韩国社会结构的牺牲者，这是令他们愤怒的另一个理由。孩子们从小就生活在只有通过学习才能证明自己的社会中，就连学习也是只属于胜利者的聚会，是非胜利者无法轻易踏入的领域，所以孩子们的被剥夺感更加强烈，很多孩子无法走上自己的人生舞台。想想那些卓越的演奏者、歌手、舞者、艺术家，如果这个世界没有让他们尽情表演的舞台，他们该有多么绝望、多么郁闷啊！如果优秀的演员无法参与影视作品的试镜呢？如果没有一所医院可以让一位医生实践他所发明的具有划时代意义的治疗方法呢？

孩子们会沉迷游戏，是因为他们可以在游戏世界中找到属于自己的舞台。游戏不仅仅有趣味性，还会根据难易度将玩家分为不同等级。在游戏世界里，得到高等级就意味着能力强。即使是在现实世界中毫不起眼的孩子，只要一进入游戏世界，就可以立刻获得很强的存在感。父母想要解决孩子沉迷游戏的问题，不应该一味禁止，而是要帮孩子找到能替代游戏，既有趣又有难度挑战，同时满足趣味性和难度挑战的活动。如果参与者沉浸其中后所引发的结果是负面的，则参与者的行为会被称为"上瘾（addiction）"；如果结果是正面的，则参与者的行为会被称为"心流（flow）"。"心流"在积极心理学中被认为是幸福的条件。人可以做到一天内在某件事上投入18个小时。也就是说，如果孩子可以在一天内玩18个小时的游戏，那他也可以花18个小时做其他事情。孩子投入时间的领域如果从游戏转为艺术的话，那就再好不过了。

还有，孩子在意识到自己无能时也会迁怒于父母。孩子们从小就扮演着"国王"的角色，家和学校都是他们的"王国"。但当孩子成长到某一阶段，开始思考关于自身独立的问题时，如果突然发现自己毫无独立能力，就会释放怒火。认知水平较高的孩子可以分析出自己是因此而愤怒，但大部分孩子要么唉声叹气地说"我这辈子算是完了"，然后自我放弃，转身加入宅男宅女的行列中；要么大喊"我变成这样都是爸妈的错"，埋怨包括父母在内的身边的人，以此来构建自己的心理防御机制。面对这种情况，平时就较为尽心尽力的父母会略显惊慌，然后开始反问自己是否哪里做得不足。如果用动物来做类比，就好比狮子、老虎或猎豹，明明外表看起来是捕食者，结果突然发现自己连只兔子都无法成功捕获，明明拥有锋利的牙齿和坚硬的脚掌，结果不仅无法捕获眼前的兔子，反而被吓得瑟瑟发抖。

父母给予孩子安慰和共情并非消除这类愤怒的方法，

把孩子打造成有能力、有优越感的存在，把他们送往他们自己人生的舞台才是正解。站在舞台上的人是幸福的，舞台是让人发挥能力的空间，舞台下方有期待着表演的观众，他们会为表演者欢呼，会因表演而感动落泪。这就是人类最大的幸福。歌手在舞台上激情演唱时，歌曲的旋律同时在歌手本人和观众的心中流淌着，此时人体会产生"幸福荷尔蒙（didorphin）"，也被称为"感动荷尔蒙"。此类荷尔蒙比可以减轻痛苦的"内啡肽"效果要强4000倍。所以，有能力站在舞台上的人往往是幸福的，整个人的状态也较为松弛，无论走到哪里都能向他人传递幸福。父母应该让孩子明白，除了学习，这世界上还有很多舞台，父母应该着力培养孩子可以真正站在某个舞台上的能力。可以在舞台上体会到自我效能感的孩子，既没有理由反抗或是试图自杀，也没有理由做出各种不良行为。

"那些使我犯错的人才有错"

孩子在成长过程中学习语言，了解数的概念，形成科学的逻辑思维以及自我表达能力，这些都是生存的必要技能。孩子们要学习的具体学科包括语文、数学、英语、物理和科学等。在这些领域表现极为出色的人会获得生存上的保障。人类在不断提升生存能力的同时，其情商、处理人际关系的能力及认知水平也应一同提升才是。但这方面的能力并不由学校负责提升，而是需要通过与家庭成员相处，通过实践才能得到锻炼。身体的成长被称为"发育"，心理上的成长则被称为"发展"。发育的路径是一条逐渐增长的曲线，到某个节点后会开始下滑。但发展是阶段性的，通过不同阶段后才会持续上升。每个阶段都有不同的任务，如果一个人没有完成某个阶段的任务，那么他就会一直停留在该阶段的状态中。

从生物学的角度来讲，那些做"国王"的孩子都是小学高年级学生或者初中生，但他们的心理年龄还停留在婴儿期。以自我为中心是婴儿期的"发展"特性，这一时期，孩子对于万事万物的解读和随之做出的行为都是以自我为中心的。他们坚信其他人都是因为自己才会存在，且人类在处于婴儿期时还未形成"错误"这一概念。既然没有"我做错事了"这一认知，他们自然也就不会有道歉的行为。既然自身绝无错误行为，那么任何问题都理所应当是外部原因导致的。就算我犯了错，也不代表我真的有错，那些使我犯错的人才有错。还停留在婴儿时期的孩子是没有心理意义上的"耳朵"的，他们要么干脆不听，要么听到了也不会去做，又或是听到了也不明白具体是什么意思。这样的孩子无法正常接收父母的教导和建议，只会将其解释为是对自己的攻击，并以攻击性来回应。

今日韩国的孩子意识不到，他们的父母是韩国历史上最称职的一代父母。他们明明在氧气舱中却觉得自己缺氧，深处湖水之中也依然觉得口渴。当今世界依然存在虐待孩子、放任孩子不管、使用暴力（包括言语暴力）、连最基本的照顾责任都不履行的父母，但是在韩国，几乎没有这种粗鲁无知或是以独裁形式养育孩子的父母，反而是有很多把孩子照顾得无微不至的父母，像大树一样毫无保留地给予的父母，只给孩子提供最优质生活的父母，时刻待机准备执行"国王"命令的父母。所以说问题不在于亲子关系有缺陷，而在于家长在过度关注孩子的情况下还在不停地自我反思，而不懂事的孩子却一直觉得不公平。虽然等孩子成人懂事之后会有意识到"父母当时已经做得很好了"的一天，但这其实也并非易事。

因理性不足而愤怒

按照孩子们的逻辑，他们发怒均有正当理由，但实际上他们所谓的正当理由大部分都是无法被接受的。孩子们的愤怒往往是基于"主观事实"，也就是说他们的愤怒只符合自己的标准，并不能让所有人都接受。想区分"主观事实"和"客观事实"，就要拥有区分"你的问题"和"我的问题"的能力。想要做到客观地看待事情，就要有冷静理性地进行综合思考的能力。可现在的孩子们大脑里的思考空间过少，也极其缺乏启动理性思维的能力。

孩子们也正是因此而选择使用乘法计算法则。加减法是相对客观的运算，乘法运算则更主观。举个例子，假设父母的优点是 +70 分，缺点是 -30 分，那么两者相加就是 +40 分，这样一看还有 +40 分，我们可以由此推断他们应该算是优秀的父母。如果父母的优点是 +40 分，缺点是 -60 分，相加后等于 -20 分，虽然结果是负值，但也可以看出他们还是有做得好的地方。可如果使用乘法的话，$(+70) \times (-30) = -210$（分），$(+90) \times (-10) = -900$（分），优点越多的父母反而评分越低。所以说，越是被捧在手心里被照顾得无微不至的孩子，越容易把父母的好统统忘掉，还抓着一两件令自己感觉委屈的事情不放，把父母的付出和辛苦都视为负数，给他们贴上"问题父母"的标签。如此一来，孩子只需要每天把自己受过的伤挂在嘴边，并不需要思考其他的事情，就有正当的发怒理由了。

使用乘法的孩子是没有信息反馈能力的。一旦形成了某个想法，他们就会认定其为事实。想要把主观事实变为客观事实，我们需要确认自己的想法是否正确，这就需要与他人沟通交流，但当代的孩子完全没有交流的时间。当代家庭结构基本是由父母和孩子两代人组成的，不仅没有和其他家庭成员交流的机会，就算父母在家，孩子也只会和智能手机、电脑等电子产品交流，这种情况下当然不可能启动反馈功能。这种交流是单向的，它没有修正或完善想法的功能。加之智能手机和游戏提供的快乐主要散布在孩子的末梢神经周围，就会弱化孩子的思考功能，将其变成简单又无能的存在。

在这种情况下长大的孩子会冲动行事。任何妨碍自己做想做之事的障碍物，或者任何让自己感觉不适或受委屈的人，只要他觉得自己受到了伤害，怒火就会立刻被点燃。攻击性过强的表现也包括使用暴力和伤人。即使做出这类行为，他们也觉得自己有正当的理由。还有更严重的情况：即使伤了人也毫无愧疚之心。这类人就属于"精神变态"了，"精神变态"者最典型的特征之一就是对于"错误"毫无概念。人类的成熟程度由其冷静运用理性去思考、处理事情的程度决定，越是感性有余而理性不足的人，其心理状态就越不成熟。

因受大人影响而愤怒

其实，不仅仅是孩子，大人身上也有很多愤怒。身处儒家思想文化圈的女性，长期被父权压迫，被迫扮演隐忍的角色，通常会患有"火病"[1]，长期生活在压抑的环境下终究会爆发。"火病"一词已被《牛津词典》收录，美国精神医学会将其定义为特有的精神医学综合征。

男性会因为人际关系不顺而发怒，会因为自己工作非常辛苦却没有得到应有待遇而委屈。当代社会经济和

---

[1] 火病：朝鲜民族特有的文化遗存综合征（culture-bound syndrome），是一种精神疾病。患者因在生活中遭遇苦恼却无处发泄愤怒而出现精神疾病，在社会阶层较低的更年期女性中尤为常见。表现出的症状为，胸闷及身体疲乏，失眠和神经性厌食症，常伴有性功能障碍的并发症《心身医学前沿》，袁勇贵著，东南大学出版社，2020.10）。——编者注

教育同时高速发展，尊重人权和权利的呼声越来越高，在此情况下，爆发的愤怒并不会被轻易接受。无论男女老少，大家心中都有怒火，不管惹到了谁都等于引爆炸弹。即使是十几岁的孩子，也可能会有令人不寒而栗的犯罪行为。包括首尔市江西区网吧事件在内的几个恶性案件都是所谓的"不要问"大型事件，施害人均为高性能级别的"炸弹"，而被害者在自己毫不知情的情况下成了牺牲者。

从报复性驾驶这件事上也可以感受到韩国人心中的怒气，不然韩国也不会颁布《禁止报复性驾驶法》。平时看起来温文尔雅的绅士，只要手一碰到方向盘，就会摇身一变成为"绿巨人"浩克。我曾目睹过此类事件。有一次，我在偶然情况下乘坐熟人的车，却被他与平时完全相反的样子吓到了。那位朋友明明开朗亲切又幽默，歌也唱得很好听，是那种可以在台上大放光彩的人，可他开车的时候却粗暴无比，只要前面的车开得慢一点他就会大骂"前面开车的人是嘴里含着乌龟吗""这么好的车让他开成这副德性"。如果后面有人想超车，他就会开口骂道："×崽子给我滚到后边去。"

从心理学的角度来讲，男性的愤怒是一种名为"转移（displacement）"的防御机制，用谚语"钟路上被扇耳光，到汉江才瞪眼"[1]来形容最合适不过了。平时牢牢压在心底的愤怒到了马路上就会被他们发泄到非特定对象的身上，同时还会试图表现出"我比你开车技术好""都像我这么开车的话就不需要信号灯了"这样的优越感。这是因为其在家庭中和职场上获得的认可严重不足，试图通过开车这件事证明自己的能力是一种本能。

无助的孩子们

体格很不错，体力却很差

每当看到韩国选手在奥林匹克运动会或者亚洲范围内的竞赛中夺得奖牌的时候，我心中会不禁感动。近年来，韩国在奥林匹克国际赛事中的综合成绩均在前10名。2004年雅典奥运会是第9名，2008年北京奥运会是第7名，2012年伦敦奥运会是第5名，2016年里约奥运会是第8名。

过去连糊口都成问题的时候，我们绝对不会妄想摘

---

[1]　钟路上被扇耳光，到汉江才瞪眼：形容当面不敢吭声，背后拿别人当出气筒。——译者注

取奥林匹克奖牌。后来成功摘取的也都是拳击、摔跤等格斗类运动的奖牌，韩国并没拿到过被称为奥林匹克支柱项目的田径类奖牌，其中体格问题是很重要的原因。但近些年我们在田径和游泳等项目上也拿到了金牌，这是因为解决了绝对贫困问题后，公民生活水平提高，营养供给充足，体格也增强了不少。如今，无论和任何国家的运动员相比，韩国运动员的身体素质都不逊色。当然，这也离不开运动员个人的天赋和以泪水、汗水，甚至鲜血为代价的努力。从这一点来看，如果没有个人的努力，光凭韩国的运动环境是无论如何都培养不出像金妍儿那样的花样滑冰选手的。她在基础设施不够完备的条件下，凭借个人杰出的表现创造了获得奥运金牌的壮举。

但是如今，孩子体力不足却成了大麻烦。关于这一点，只要观察一下部队新兵训练就可以得知。他们的体格看起来不错，可体力却极差，很多年轻人连基础训练都无法承受。他们很少使用自己的身体，所以连最基础的体力都不具备。以前的孩子会因为整天在外面疯跑，被家长揪着耳朵拽回家，而如今的孩子每天都在家对着电脑和智能手机，被家长揪着耳朵拽到室外的更为常见。

所以连运动品牌耐克都会说："我们的敌人是任天堂。"只有孩子们在外面疯跑，运动鞋的销量才会增长。孩子们一直在室内玩游戏的话，运动鞋就不会被磨损，没有磨损就没必要买新鞋。

虽然体力变弱的问题很值得重视，但精神层面的体弱也同样值得关注。有家日本公司曾聘请过一些韩国人，这些人天资聪颖所以不用参加高考。结果后来这家公司不得不重新聘请那些按部就班参加高考的人，因为那些无须参加高考的人大多既傲慢又缺乏韧劲，合作能力较差且很难做到和他人互帮互助。这些人固然是高考和入学制度的牺牲者，但他们确实没有参加高考，确实没体验过即使讨厌也要坚持忍到最后一刻的过程，导致精神层面体力较弱，很难在困难重重的职场上坚持到最后。与之相反，按部就班参加高考的人的合作力和互助力都较强，可以为公司创造更大的效益。"如果是该做的事，就算讨厌也会坚持到最后的能力，就算讨厌也会抱紧双臂一头扎进去的决心"对于当代的孩子来说，是一项必要的技能。

过于以孩子为中心的教育从来不会强迫孩子做他不喜欢的事，所以当代的孩子也就绝对不会做自己讨厌的事。当代社会比较鼓励这种态度，况且制度化教育也坚持"遵从孩子所愿"的教学理念，因而父母也就不会要求孩子去做他们讨厌的事，久而久之，孩子就会认定"我不想做的事就可以不做"。但人活着不可能永远只做想做的事，有时也应该尝试去做讨厌的事，做着做着就会积累一定的经验，取得一定的成果。其实，很多人都不喜欢自己的工作，结果做着做着却做成了终身职业。所谓天职，并不是百分之百与自己契合的工作，而是在做的过程中与自己融为一体的工作。

因无助感而引发的自杀

韩国在精神层面属于贫穷的国家。在解决绝对贫困问题之后，即使社会福利制度越来越完善，个人的经济收入和教育水平也已经达到发达国家行列，但韩国的自杀率却在经济合作与发展组织（简称经合组织，OECD）国家中排第一位，这证明有很多韩国人饱受各种精神疾病的折磨。不过，这也并非什么奇特之事，其他社会福利制度完善、尊重人权的发达国家也同样在为他们国家的高自杀率而苦恼。目前还没有哪种解释可以说明这一反作用力现象的原因，但可以确定的是，通过高自杀率可以看到人们内心深处的无助感，且这份无助感通常伴随着"无价值感""无意义感"以及"无能感"。无论自杀主体是老年人还是年轻人，深深的无力感都是一个非常重要的因素。孩子们炯炯有神的目光、充满好奇的表情、钻研某件事的热情以及那股浩然正气早已消失得无影无踪，因为"我不想做的事就可以不做"，久而久之，孩子们就变成了什么也不是、无比无能的存在，换句话说，无力感其实就是无能。

无力感才是最大的问题，但这一事实一直没有被凸显出来。原因在于，人们的注意力一直被各种成瘾问题和暴力问题所吸引，比如智能手机成瘾、游戏成瘾以及互联网成瘾等。美国青少年的成瘾对象还包括毒品和性行为。虽然有人认为相比美国，韩国青少年成瘾的对象都算是比较可爱的，但成瘾就是成瘾。

"成瘾"一词在词典中有以下三个含义：（1）过量摄入酒或毒品等物质，停止摄入时会无法维持正常生活。（2）因摄入含有毒性的食物或药物导致身体处于危机状态。（3）沉溺于某种思想或事物，以至于失去对事物的正常判断能力。成瘾是可以毁掉整个人生的危险行为，绝对不可轻视。如果一个人长时间处于成瘾状态，还会有其他的隐患。大家不妨试想一下，如果孩子们集体处于成瘾状态，那该怎么办？

另外，包括孤立在内的校园暴力问题也同样不容小觑，此类问题的存在并非一朝一夕。校园暴力的产生并不仅仅是因为学校的失责或贫穷等问题，人性教育的缺失才是根本的原因。负责人性教育的不是学校而是家庭，有很多道理本该由家长告诉孩子，但在当代孩子成长过程中，这种教育却一直处于严重缺失的状态。所以，我也在希望教育法中提过，父母要不厌其烦地对孩子进行日常的教育，本来教育就是一个不断重复的过程。孩子可能不会马上吸收，但当家长重复的次数到达一定的临界值时，就会影响孩子的行为。人性教育不只是单纯地把孩子教育成一个正直的人，而是要培养一个懂得追求人生意义和价值的充满活力的人。

孩子们为何会感到无助

第一个原因是不断地受挫。从马丁·塞利格曼（Martin Seligman）提出的"习得性无助"这一概念中我们得知，如果孩子在成长过程中持续不断地经历难以承受的挫折，他最终会选择放弃，从而陷入深深的无助感。塞利格曼曾用狗做过一项实验，以此说明无助感是因习惯而形成的。他把狗关在笼子里并对其实施电击，狗被连续电击几次之后就会认为"电击是无可避免的"，就算之后把狗移到可以逃跑的环境中，它依然无动于衷。由此我们可以看到，无助感是习得的。

除了学习，孩子们没有其他可以证明自己的方式，但学习这件事也并不容易被攻破。孩子们在碰壁几次之后就会放弃学习。因为无助感是习得的，所以我们也可以通过学习对此进行治疗。与无助感、无力感相对的概念是"活力"，它是可以通过学习获得的，微小而持续的成就感就能使孩子们获得活力。除了学习，我们还可以让孩子多做家务、身边小事或其他学习之外的事，以此来积累成就经验。多多积累运动或艺术领域的经验也可以帮助孩子获得活力。以前人们总认为孩子在运动或艺术方面投入过多的精力会影响学习，其实正相反，擅长运动或艺术的孩子通常学习能力更强，而擅长学习的孩子在运动或艺术领域也表现得更优秀。

第二个原因是社会氛围不好。胜者独食、千篇一律、结果至上主义等社会认知早已渗透进孩子们的大脑，所以与父母那代人相比，现在的孩子对未来持消极态度。父母一代坚信"只要努力，就会成功""活口不结蜘蛛网""一分耕耘一分收获""种瓜得瓜，种豆得豆""努力是不会背叛你的"，坚守这些原则努力工作的人都成了成功神话里的主人公，成了年轻人的榜样，但现代社会只会让年轻人觉得"不管怎么努力都没有用""一分耕耘零分收获""有些地随便种种就会大丰收，而有些地怎么努力都不会有收获""努力也是会背叛自己的"。有句话很流行："造物主之上还有业主。"很多孩子的愿望就是做业主，他们希望自己可以过上每月按时收房租，不用工作，尽情享受有钱带来的特权生活。但是，就算真的成了业主，人生就一定会幸福吗？

我在浏览网页时曾看到过这样一段话，内容与韩国青少年的无助感相关。在此引用一下。

最近真的不想活了。我们从小就被教育要好好学习才能考上好大学，考上好大学后也要通过层层筛选才能进入大公司，进了大公司后还要考虑结婚、买房的问题。我们管放弃恋爱、结婚和生子的人叫"三抛一代"，如果连买房和人际关系也放弃的话，那就是"五抛一代"，如果在此基础上连梦想和希望都放弃的话，那就是"七抛一代"了。我们到底什么时候能迎来没有烦恼、可以尽情幸福的世界呢？我唯一的期望，就是没钱也可以幸福生活的世界赶快到来。等那天真的到来时，我一定会怀抱梦想、充满斗志地去生活。

第三个原因是孩子们不知道自己为什么要追求成功，大人从来都是只给孩子灌输必须成功的观念，至于为什么要成功，取得成功后的人生是什么样的等问题却闭口不谈。美国企业家、投资达人沃伦·巴菲特曾说过："热情是通往成功之路的钥匙，而成功之路的终点在于分享。"财富的存在是为了分享，而不是独享，大部分选择独享的人都会沦为快乐的奴隶，或是陷入危险的虚无状态。所以，在基本生存需求有所保障的情况下，能为需要帮助的人提供经济支持的人，往往都很幸福。这类人的生活充满了活力。因为拥有财富之后我们可以做更多的事，所以对人类来说，成为一个懂得行善的富有者是非常有意义和有价值的。

因无助感而变成"僵尸"的孩子们

我儿子已经整5年没有出门了

◆━━━━━━━●━━━━━━━◆

有位家长曾经来拜托我，请我一定要到他家去看看他的儿子。孩子今年22岁，高中退学后就再也没出过自己的房门。由于这位家长十分迫切，我只好去了一趟。没想到看到那孩子的第一眼就让我不知所措。据我所知，主人公明明是个男孩，可眼前的那个孩子身材纤细到只有手掌那么薄，脸色发绿，一头黑色的长直发，看起来像个女孩。那孩子并没有和我对视，也没说一句话。那孩子5年来从未出过家门，即使在家也绝不会出自己的房间，每顿饭都是妈妈做好了送到房间里。

我儿子打算永远"活"在客厅里

◆━━━━━━━●━━━━━━━◆

有一次，我去地方城市做演讲，有位家长想请我去他家里看看。当时正好我妻子也在，我们就一起去了一趟。他家的房子在公寓第3层，可整间屋子却黑漆漆的。家里所有的窗户都挂着窗帘，客厅里摆着一个长长的隔断墙板，视线越过隔断可以看到床、电视和笔记本电脑。这里是25岁儿子生活的空间。这孩子从小学到初中一直都处于被孤立的状态，在患有抑郁症的情况下考入大学，最终还是退学了。虽然收到了入伍通知，但因精神问题尝试了3次都没能成功入伍，最终被免去了服役义务。孩子觉得房间里太闷了，所以想在客厅里生活，但又讨厌亮光，所以家里所有的窗户上都挂着窗帘。

这些家长把在舞台上演讲的我看作全能之人，所以才拜托我去家里看一看。但说实话，我也不知道该怎么办。如果他们带着孩子来心理咨询室，在我面前发生激烈争论或是反抗的情况反而比较好，因为我可以通过孩子的反抗判断他的防御机制，而且这也代表至少孩子还有最基本的力气，我也可以尝试通过逻辑性的说明引导孩子发生行为上的变化。但无助到形同"僵尸"的孩子已经完全丧失了欲望和意志，遇到这种情况我实在是无从下手。

接触了几个同类案例后，我总结出一些共同点。

第一点是母亲的焦虑指数过高，她们依然用对待婴儿的方式对待大孩子。孩子处于婴幼期时，从进食到大小便都需要大人悉心照料，可这一套做法并不适合如法炮制到大孩子的身上。母亲没有意识到自己是在过度奉献，如此一来，孩子的身体虽然在成长，但心理依然是婴幼儿的状态。母亲一直把孩子视为易碎的玻璃人偶，孩子也一直都在以发牢骚的方式表达自己的诉求。

第二点是孩子从小就被孤立。被孤立的孩子既是受害者也是牺牲者，他们该有多痛苦啊！一想到这一点我就很痛心。更让人气愤的是，学校本是授业解惑的地方，结果却频频发生这种事情！"孤立"行为反映出"寻找替罪羊"这一社会机制。对于一个群体来说，让最软弱的人"牺牲"，会让群体中的其他人获得安全感。这在动物世界也是非常常见的。如果新出生的幼崽数量多于母亲乳头数量的话，幼崽们就开始争抢乳头。这种情况下，抢不到乳头的幼崽就会不断地被推开，它自然而然就成了最弱的一个，而且母亲也不会觉得这有什么不妥，因为这世界本来就是适者生存。虽然孤立别人的行为是绝对错误的，但我们也应该思考一下，那些被孤立的孩子都是什么类型。通常被孤立的孩子有以下几个特征：连最基本的活力都没有，对人和事缺乏基本认知，过于自私或过度沉溺于自己的世界，极度无助。俗话说"狗急了还要跳墙"，可这些孩子一直无助地被孤立着，所以只会被欺负得更厉害。正常情况下，被踩到了都要动一动才行，可这些孩子没有任何心理防御能力。

第三点是孩子什么都不会做。无论学习还是运动，孩子不去做任何和发展自我有关的事情，反而日复一日地躺在床上用智能手机或电脑打发时间。到了一家人在一起吃饭的时候，孩子也不出房间，不和任何人做任何交流。他们没有任何擅长的事情。去医院做心理咨询的话会发现孩子的抑郁指数极高，或有"类精神分裂型人格异常（Schizoid personality disorder）"，但又没什么大问题。"类精神分裂型人格异常"是指喜欢独处、讨厌与人建立亲密关系、渴望与世界断绝联系从而活在自己这片孤岛上。在孩子应该自己学着做些事情的时期，父母过度溺爱、过度尊重和过度奉献，导致孩子变成了毫无经验、真正意义上什么也不会的社会存在。处于这种情况下的孩子会愈发感到无助，会要求母亲奉献更多，而母亲则会愈发悉心地照料。

　　像麻雀这样的小鸟，因自身的身体构造可以轻松飞翔。试想一下，如果小鸟的爪子、喙和羽毛都被拔掉的话会怎样呢？被母亲过度保护的孩子就是这种情况。

　　想让"僵尸"一样的成年孩子变得正常，就应该让他从婴儿成长为幼儿，从幼儿成长为儿童，从儿童成长为青少年，再从青少年成长为成年人。家长首先就要把他们依赖的"窝巢"撤掉，让他们开始学习做家务，且绝对不能把饭送到他们的房间里。时常打开窗户，晾晒被子，打扫房间时要让孩子也参与进来。如果在吃饭时间孩子不按时出来就没有饭吃，这种时候千万不要因为担心会饿坏孩子而去给他送吃的。这种行为一旦开始，双方的主仆关系就会定型。就算孩子饿到晕倒需要就医的程度，也一定要让他明白饭要在饭桌上吃。同时也一定要让孩子做家务、坚持外出散步以及积累各种大大小小的经验。如此，孩子才能成为既有自我保护能力又有"狩猎"能力的主体。

　　我们生活在一个细菌无处不在的世界中，但我们仍然能够轻松活下来，这是因为我们的身体有免疫力，它帮我们战胜各种疾病，血液中的白细胞替我们和细菌做斗争。所以说该做斗争的时候就要做斗争，该直面问题的时候就要直面问题才是。作家李智成曾在《做女人，就该像希拉里一样》里提到过希拉里的童年经历。希拉里在幼年时期跟随家人搬到另一个社区后，被社区里的"孩子王"欺负了。看到哭着回家的希拉里，母亲坚决地说："出去解决好再回来，胆小鬼不能进这个家！"希拉里回去和那个孩子一对一解决了问题，最终成功地征服了新社区。希拉里之所以如此强悍，正是因为她的母亲。她没有让希拉里变成一个被问题压到不能喘气的孩子，而是把她培养成了懂得直面问题、最终成功证明了自己存在价值的孩子。

因自尊感过强而无助

我们经常会听到"鲸鱼听到称赞也会跳舞"这句话，育儿书中也经常提到这句话。称赞或许真的可以让鲸鱼跳舞，如果各位家长认为孩子的智力水平和鲸鱼一样的话，大可以尽情称赞。称赞固然是好事，但过度称赞会引起反向效果。从行为主义心理学的角度来看，称赞是"奖励"行为。对于动物来说，奖励可以对其行为起到强化的作用，可对于人类来说，奖励会削弱意志力。人在绝对贫困时，以钱作为奖励有很大的意义。但当他脱离了绝对贫困之后，钱的作用就没有那么大了。举个例子，某位上班族在自己想做的事情上投入了大量的精力，最终取得了惊人的成绩，光是这个结果就足以让他感到欣慰。这时候，如果公司以提成奖金为条件，要求他再拿出一份成绩，那么该职员的挑战意志就会被削弱，满足感也会大幅度下降。因为他做这件事的动机不是外部的金钱奖励，而是内心的主动意愿。给内在动机强加一份外部奖励，效果会大打折扣。

尽管"称赞会引起反向效果"的理论不断出现，但称赞理论依然盛行，原因就在于"自尊理论"。自尊是心理学的万能钥匙，所有心理学的书籍都会包含与自尊相关的基础理论。无论如何，父母都不能践踏孩子的自尊。称职的父母给予孩子悉心照料和关爱，孩子的自尊因此得以形成。自尊是一个人活在世上必须具备的基本心理骨骼，心理骨骼软弱的人是什么都做不成的。没有形成心理骨骼，即没有自尊的人是无法进行日常生活的，所以我一向都着重强调自尊形成这一点。因此，所有的心理治疗和心理咨询最终都可以归纳为恢复自尊的过程。通过这一过程重新找回自尊的人，其生活与之前相比会变得截然不同。

但1990年后出生的孩子并不是这一论题的对象。上一代有很多自尊不强的人，可1990年后出生的孩子却很少有自尊较弱的。当然，如今依然有因虐待、暴力、照料不当、贫穷以及父母离婚等原因导致孩子自尊不足的情况。面对这类人群，首要任务就是帮他们重新找回自尊。但本书讨论的对象并不是这个群体，而是大部分普通家庭的子女，他们的情况不是自尊不足，而是自尊过剩，"心理吉祥物"的问题也是由此而来的。具体来讲就是，孩子内心深处一直认为自己是人见人爱的吉祥物，但当他意识到自己并没有获得与之匹配的社会地位与认同，也没有相应的能力时，就会产生深深的无力感。

想要让孩子有自尊，就要让其享受王一般的待遇，让其感觉自己无所不能。孩子小的时候，需要一些来自外部的正面刺激（照料、赞美、生活环境、认可），但随着年龄的增长，他们更需要一些可以使其发挥能力的经验。有自尊的孩子在成长到某一阶段时会形成自我效能感（self-efficacy）。自我效能感是加拿大心理学家阿尔伯特·班杜拉（Albert Bandura）提出的一个概念，指在某种情况下可以做到某种行为的期待与信念。这里包括对自己能力的认可和信赖以及对自己未来的构想，也就是指一个人在登台前深信自己可以站在舞台上发挥能力的信念感。所以说，越是出众的人幸福感也就越强。

所以，各位家长务必搞清楚重点，当代孩子的问题绝对不是因为自尊不足，而是因为他们习惯了做"国王"，所以变得极度无能，因为他们无法站上舞台，所以无法拥有自我效能感。虽然我已经多次强调过，但还是要再说一次："称赞能使鲸鱼跳舞"这句话并不适用于当代的孩子。

受挫的孩子们

因被剥夺最大的乐趣而受挫

学习是人生在世最大的乐趣，《论语》中的"学而时习之，不亦说乎"强调的正是这一点。可见，拥有学习的机会就等于拥有了享受最大乐趣的机会。在古代，普通人是没有资格学习的，学习是位高权重的贵族或经济较为宽裕的人才有的特权。

现在的孩子一提到学习就咬牙切齿。因为他们从小就被剥夺了快乐玩耍的权利，必须一天到晚学习语文、英语等各种科目。孩子们原本正处于和同龄孩子疯玩到太阳落山都没意识到的时期，却每天被生拉硬拽去各种补习班。只有在该玩的时候疯狂玩过，孩子才会自发地对其他事物产生好奇心。韩国小学生的日程表让人不觉惊叹，孩子们一整天都在学习。从小就受到过多的刺激和教育，对孩子的最大危害就是使其丧失好奇心和主动性。好奇心和主动性是自主学习的原动力，愚蠢的父母会在剥夺原动力后还期望孩子可以做到自主学习。这就好比折断了鸟儿的翅膀后还要求它们尽情飞翔。

真正使我们觉得虚无的原因是，那些拼了命学习的知识在高中毕业后便毫无用处。这一点阿尔文·托夫勒（Alvin Toffler）曾在《第三次浪潮》（The Third Wave）一书中指出过。他在晚年到访韩国时说："我曾在《第三次浪潮》中预言过信息化社会，但没有像韩国一样完美构建信息化社会的例子。韩国比我想象中做得还要出色。可有一件事我实在无法理解，既然这些知识在高中毕业后就再也没有可用之处，那学生为何还要拼了命地去学呢？"

曾有人把韩国的教育比作发射宇宙飞船时所需的燃料桶。宇宙飞船要脱离地球就需要大量的燃料，这就像韩国学生学习的知识在其受教育水平到达某种程度之后便再无用处。人类想要过上幸福生活，就需要修养和智慧，可孩子们不仅没有学习这些的机会，反而每天都必须沉浸在高中毕业后就再无用处的知识里，所以才会听到"学习"二字就咬牙切齿。

从这一点来讲，韩国的孩子们真的很可怜，他们在成长过程中被剥夺了可以享受最大乐趣的感知力。每天只能去学校学习的孩子，能理解并接受"学习是最大的乐趣"这件事吗？恐怕连字面意义上的理解都很难做到。幸福的人是终身学习者，养成阅读习惯，不管人在哪里，要去见谁都是学习，"三人行必有我师"这句话应该被当成座右铭。关于这一点，脑科学曾做出过解释：人类的大脑讨厌已经熟知的事物，喜欢接触新事物带来的刺激感。通过读书获取新信息相当于帮助大脑吃饭，学习新知识就好比在强化大脑的肌肉。所以说，学习使人青春永驻。

学习本是世界上最大的乐趣，可大人们不断地用孩子厌恶的方式刺激其学习，使得这件事完全变质。试想一下，当孩子某一天突然知晓了这一人生秘密，那该是何等心情啊。

因当代韩国等级制度而受挫

生活充满了无限可能，梦想都会实现！当代的孩子正因为这句话而受挫。歌手郑秀拉曾在其作品中这样唱道："你会拥有想要的一切，你会实现所有的目标。"可这句话并不适用于当代的孩子。在当今社会中，人们并不是只要努力就能成功。一个人的成功需要借助思想之力，他要有应变能力，要有可以同时处理不同事情的能力，还要有可以被当作坚实后盾的硬件条件。

"只要努力就能成功"是父母那一代的口号，因为他们那个时代确实机会颇多。当代孩子对未来丧失了希望，甚至深感绝望，其程度要比父母一代严重得多。父母也应该看到孩子心中的绝望才是。这种绝望感最明显的表现是，孩子们已经从"7抛世代"转变为"N抛世代"。"金汤匙"和"土汤匙"是当下用来形容当代骨品制度[1]、种姓制度的词。欧洲贵族的新生儿会由乳母替代母亲用金汤匙喂以乳汁，"金汤匙"一词由此而来。他们接受了可以将财富代代传承下去的教育，实际上也真正

---

1 骨品制度：古时期朝鲜新罗时代根据血统划分身份的制度，王族分为圣骨、真骨，贵族分为六头品、五头品、四头品，平民分为三头品、二头品、一头品。——译者注

做到了传承财富这一点。既然有"金汤匙"的说法，那么自然也会有对应的"土汤匙"。"金汤匙"并不愿"土汤匙"有机会成为"金汤匙"，所以会想尽办法阻止他们摆脱"土汤匙"的身份。

美国硅谷精英不会把孩子送去公立学校，因为那里实施的是制度化的教育。精英们会把孩子送到该群体亲自设立的私立学校，那里从教学课程开始就和公立学校截然不同。私立学校培养的是有想法、有创造力的自律型人才，他们要继承并再创造财富。相对而言，美国公立学校的目标是培养"功能型的人"和"能为社会所用的人"。社会不需要一无是处的人，社会需要的是耳聪目明、能听懂话会做事的人。只要解决他们的"生存"问题，这类人就会乖乖听话、为社会所用，所以只要照着这个标准去"制造"此类人就可以了。"功能型的人"无法得到能让他们懂得思考、可以主导自己人生的教育，因为一旦他们接受了这种教育并在美国的富人圈占据一席之地，富人们就会丢掉饭碗。美国的公共教育系统本身也存在歧视的问题，比如提供给白人的公共教育资源与提供给黑人的不同，教育环境也不同，这是社会问题。

意大利的美第奇家族是最早通过私立而非公立教育得以传承并延续财富的主体。美第奇家族对达·芬奇的艺术成就和意大利文艺复兴均有很大的影响。修学旅行[1]的鼻祖也是美第奇家族。修学旅行是指带上流社会贵族的子女们去有历史遗迹的地方学习历史和语言，通过辩论而非填鸭的方式学习，来提升孩子的综合思考能力。思考可以使他们看待世界的眼光变得更加开阔，拥有可以继承财富的能力。欧洲上流社会最终是靠远见和思考能力支撑并运转的。

但"金汤匙"们并没有做到"位高责任重（noblesse oblige）"，贫富差距越来越大，所以有着"土汤匙"身份的年轻人不得不做"7抛世代"。从这一点来说，我认为韩国的孩子们并不是在接受教育，而是在被饲养。他们真的很可怜，因为他们从未接受过真正的教育。"饲养"一词本身是用在牲畜而非人类身上的，且还是集体喂养牲畜时的用语。农场的鸭子被孵化出来不到50天就会被卖掉，孩子们的命运就像那些鸭子一样，他们生命的延长只不过是为社会所用而已。

1 　每年暑假，韩国各地大、中、小学生都会组团参加被称为"修学旅行"的各种海外考察、旅行和进修活动，以拓宽眼界，增加阅历。——编者注

　　其实父母辈的人也一样，他们不过是为韩国这个国家和韩国社会所用的功能型的人罢了。以这种身份活下去的人终究有一天要面对"人生的意义是什么""人的尊严何在"等问题，继而陷入空虚的沼泽之中。当然，大多数人都不会去思考这些问题，因为他们只要能吃饱饭就已经很满足了。"金汤匙"们为了阻止普通人成为思考的主体提出了3S策略：性（sex），运动（sport），屏幕（screen）。用一句话总结就是，该策略是为了把人变成只追求快乐的动物，让人们觉得比起挨饿的苏格拉底还不如做一只吃饱的猪。许多人被同化，这就是韩国在精神层面为贫困国的原因。

因大众文化而受挫

　　韩国KBS电视台曾有一档名为《不会有的》的搞笑类节目。一群身材肥胖、对自己的外表没有自信的男性无比凄凉地讲述自己找不到女朋友、无法谈恋爱的故事，讲述时他们还会做出既忧郁又可怜的表情。据说，因为对自己的外表没有信心，如今的年轻人都不怎么谈恋爱了。但是仔细分析会发现，我们有必要去思考一下"人类就应该谈恋爱"的价值观。很多人主张结婚前应该多谈几段恋爱，为了避免婚后后悔，结婚前应该多多体验。他们认为通过谈恋爱，男人可以了解女人，女人也可以了解男人，这对婚姻生活是有一定帮助。实际上，这样做并不会有多大的帮助，反而会破坏婚姻的神秘性，起到反向作用。夫妻不是因为都了解了才幸福，互相了解的过程才是幸福本身。

这档节目让我想起了刚上大学时，没课的情况下我会在春日的暖阳下欣赏校园里的风景，可看到的风景往往令我郁闷。我一直以为上了大学就自然会有女朋友，以为通过参加各种联谊理所当然就会交到女朋友，以为男生女生肩并肩走路的话就肯定会建立恋爱关系。我认识的前辈在预备役期间都在和女朋友同居，那时候我不知道有多羡慕他。攻读心理咨询专业硕博期间，我对自己的内心进行了一番探索。我发现自己之所以如此渴望恋爱，其实是因为被大众文化洗脑了，认为"不谈恋爱的话就很可怜"，所以那时才会抑郁。

人类真的需要谈恋爱吗？约书亚·哈里斯（Joshua Harris）曾通过《不再约会》（*I Kissed Dating Goodbye*）这部作品向大众反问过该问题。从原则上来讲，犹太人是没有约会这一说的。

他们认为生活的原则和方向比约会更重要。作为成年人，要确保有独立的能力。在是否有能力进入婚姻这个问题上，只有选择旗鼓相当的配偶，婚姻生活才能幸福长久。

情人节、白色情人节、光棍节等节日其实只是一个商业化的日期而已，并没有对应的根据。"在圣诞节那天也是独身一人就会抑郁"的说法真是让人笑掉大牙。圣诞节本因纪念耶稣拯救世人而诞生，就好比一群矿工被困在暗无天日的矿井时突然得知正在修建逃生口的消息一般。所以，对基督徒来说，圣诞节有很重要的意义，圣诞节也因此在基督教传播的地方成了庆祝日。可随着时间的流逝，圣诞老人莫名其妙地代替了耶稣诞生，本该去教堂庆祝、表达感谢的仪式也变成了去酒馆喝酒后度过一个美好的夜晚，完全变质了。

应急处理式的教育

如今，希望我到幼儿园对父母进行亲职培训的需求急剧增加。我的演讲主题不是如何与孩子建立依恋关系，也不是如何帮助孩子树立自尊，而是让家长在孩子还小的时候就要明确树立权威，让孩子帮父母分担，要求孩子做一些合适的事情。对此感到惊讶的父母不在少数，甚至还有父母直接跑来问我，是否真的可以这么做。从心理学的角度来说，过早把孩子送进幼儿园会引发孩子的分离焦虑，同时也会导致其无法与母亲形成良好的依恋关系。母亲一方面亲手造成孩子对自己依恋不足的局面，另一方面又对此表示担心，这种行为是自相矛盾的。

从小把孩子赶出家门的就是父母。由于从小就被赶出家门，韩国的孩子和父母（尤其是母亲）缺乏基本的亲密感，接触频率较低，所以会出现亲子关系失调的状况。孩子正处于应在室外疯狂玩耍的时期，却被硬生生地拖去学习，这件事本身就会造成压力。压力当然会给孩子带来负面影响。孩子处于年幼期没有力量，但到小学高年级或中学时就会开始反抗，为争取自由独立做斗争。孩子成长到某一阶段，判断出自己的力量已经超越了父母时，其行为就会变得放肆无比。刺耳的脏话是基本操作，孩子们只会站在自己的立场做对自己有利的事，极度缺乏耐性，极少为他人着想。这种状态下的成长，只是生物学意义上的成长。他们会无条件地抗拒父母说的话，被贴上情绪不稳定的标签，或者冲动调节障碍、ADHD（注意缺陷多动障碍）等精神类疾病的标签。临床用语ADHD如今已经变为日常用语了。

无论以前还是现在，学习方式自始至终都没有变过。当代父母依然沿用上一代父母的教育方式。其实，韩国在朝鲜战争之后引入这套制度化教育，为的是摆脱绝对贫穷的现状，就好比把落水之人拉上岸做心肺复苏一样。虽然韩国确实因为应急处理式的教育脱离了绝对贫穷，但精神层面的贫穷一直潜伏在我们身边。应急处理并不等于全部的医疗手段。现如今已经是21世纪20年代了，我们需要的不再是应急处理式的教育，而是更开阔、可以学到更多东西的正式的教育。接受制度化教育的人最终都会痛苦万分地陷入焦虑的沼泽之中。

因教师性别比例不平衡而受挫

我为3000多对夫妻做过心理咨询，也有过25年的婚姻生活，无论依据哪方面的经验，我都能得出同样的结论：男人和女人是不同的生物，且双方不是一般的不同，而是非常不同。所有的夫妻矛盾都是因为男人没被当作男人、女人没被当作女人，这么说并不为过。但制度化教育从一开始就剔除了男女不同这一事实，认为无论男女都是同等的个体和人格主体，把男女区分开来是违背人权的。基于这一点，无论教师还是教育制度，以男孩女孩为标准对孩子做出区分的行为都是侵犯人权的，具体选择哪种性别完全是当事人自己的事。因此，欧洲的各种演出场所也陆续在取消"女士们，先生们（Ladies and gentleman）"这句开场白。几年前我去新西兰的时候发现，那里的卫生间设置成了无性别卫生间，并没有男女区域之分。

我认为学校教师的性别比例应平衡才是，可韩国的教育环境却恰恰相反，女性教师的数量远大于男性，这是不看性别只看能力的选拔结果。幼儿园教师基本都是女性，小学也很难看到男性教师的身影。初高中的女性教师比例也非常高，甚至军队里的女兵数量都在增多。军校入学考试中，女学生的分数更高，毕业时的第一名大部分也都是女同学，这是众所周知的事实。现在的孩子极度缺乏和男性教师的交流。我的三个孩子直到高中毕业都没遇到过男性教师做班主任的情况。这样一来，在问题儿童中，男孩的数量当然会从小学开始就远多于女孩。因为从女性的视角来看男性的某些行为，会觉得有问题、不正常。

孩子们回到家里，也没有太多机会和父亲交流。韩国的父亲大多对孩子漠不关心，要么就是和孩子不和。即使父亲在家，孩子也极少和父亲交流。况且，父亲大多忙着赚钱，对何为亲子时光、该如何与孩子相处等事情一无所知。这种事情既没有菜单可看，也没有补习班可上。

我上大学的时候，教职进修考试还是按照性别比例来录取的。成绩在前30%才可以申请教职进修，那时候成绩在30%以内的学生会被按照性别分别进行选拔。按照这类选拔标准，像国文系这种专业，有很多成绩比我好的女同学因为性别比例而没能入选，所以之后出现了"不看性别只看实力"的公平选拔机制。这种方式虽符合逻辑，但从某种角度来讲也有失公平。通过考试来选拔教师的方式对男性是不利的。女性擅长短期记忆，男性则擅长长期记忆，所以从考试成绩来看，男性当然不如女性。这也是为什么如今选择读男女同校高中的女性越来越多——在男女同校的学校读书有利于她们在校期间获得更好的成绩。

不过，最近，从性别特点出发来保持公平的趋势有所回升。无论是新建的高速公路休息站，还是学校或者其他公共场所，都会修建更多的女卫生间或者增加女卫生间的隔间数量。虽然从公平的角度来看欠妥，但从智慧的角度来看，这么做是非常明智的，因为男女之间的生理结构不同。以前修建的高速公路休息站的男女卫生间的面积和隔间数量都是相同的。我们在团体旅行时经常可以看到，男性已经方便完了，女卫生间门前还在排长队，所以增加女卫生间的面积或隔间的数量的举措是对的。同样，从智慧论的角度来讲，教师的性别比例，尤其是小学教师的性别比例不是更应该平衡一下吗？

男性和女性因思维方式不同，进而导致解决问题的方式也不一致，孩子的行为是正常还是严重异常，不同性别的班主任给出的答案也会不同。对于男教师来讲无伤大雅的问题，对于女教师来讲有可能会非常严重，甚至会给他人带来危险；同样，女教师认为无伤大雅的问题，男教师也有可能不知道该如何处理。

比如，某个男同学犯了错误，男教师给予严厉批评后，给他买了一个冰激凌并说"以后你要好好表现"，这件事就算处理完了。男同学会觉得很感动，因为他会认为之前的批评是批评，而现在的冰激凌是老师表达师生情的方式。但如果是女同学的话，她会觉得受到了侮辱：

"明明之前还在批评我，现在却给我买冰激凌，这算什么？"女同学会觉得荒唐至极，进而认为老师具有双重人格。这是因为男性的思维方式是"分段"的，而女性的思维方式是"连续"的。对于男性来讲，批评和给买零食是两回事，可对于女性来讲却不是。所以说，男性认为再正常不过的事会被女性视为疯狂，而女性认为再正常不过的事，男性也有可能觉得荒唐至极。另外，当孩子犯错误时，女教师通常会先敞开心扉拉近与孩子的距离，尝试理解和接受孩子；而男教师会选择先解决问题，在不理解孩子心中所想的情况下直接解决问题，一不小心可能会造成在孩子的心灵伤口上撒盐的局面。还有，在某些情况发生时，男教师的情绪可能会非常激动，而女教师反而会理性地去思考对策。相比女教师，瞬间暴怒也导致男教师更容易令学生受伤。

因不称职的教师而受挫

学期初的时候，会有很多家长来咨询室做心理咨询。因校方告知孩子有问题，自己又不知道该如何处理，所以来咨询的情况接二连三地发生。在我看来，这些孩子都再正常不过，父母听到我的判断后会松一口气。可我却起了疑心，因为有几个孩子的情况实在是过于相似。这几个孩子都是连续三年被贴了"有问题"的标签，家长来咨询室描述的情况也一模一样。我打听了一下这些孩子班主任的情况，没想到他们的班主任居然是同一个人！这名50多岁的女教师根本管理不了孩子们，平时稍有不适就缺席，出现问题时不管对错只会一味地折腾孩子。

我曾接受韩国教育厅和学校的邀请，去教师进修班做演讲。去了之后我发现，有很多教师连基本的礼仪都没有，既有不听课玩手机的人，也有不做课后作业的人。别说作为教师了，就是作为普通人，这些人的教养也远不达标。这些人都是因为教师的福利待遇好才选择做教师，并不是因为热爱教育才做此选择。这类人没有资格说自己的职业是教师。"职"和"业"要合在一起才行，教师为"职"，育人、做引导则为其"业"。授业解惑者应具备最基本的素质，但对于现在的很多教师来说，这只不过是他们糊口的手段罢了，只要自己班里没有"问题学生"就可以了。如果哪个学生发生了什么问题，这些教师就会打电话给他的父母说"你们家孩子搅得整个班级都不安宁，应该去做心理咨询，或者去精神科接受治疗"，或是"希望你们家孩子可以转去别的学校"。总之，他们说的话会让人觉得孩子非常碍眼。出现几名这样的教师甚至会让大部分非常有使命感的教师也跟着挨骂。

孩子跟着这样的老师到底能学到些什么呢？如果孩子本来很正常，却被老师贴上"有精神疾病"的标签，这该有多可惜啊！在心理咨询师看来再正常不过的孩子，却被不称职的教师定义为"不正常"，被贴上这种标签的孩子还要带着心理创伤继续校园生活，本应该长成参天大树的孩子却因为不称职的教师沦为柴火，对此我只觉得可惜。

因"饲养场"般的学校而受挫

韩语词典对于"饲养"一词有两种解释：（1）喂养牲畜，使其生长。（2）喂养，使生长。英语词典对于这个词有以下5种解释：（1）breeding。（2）raising。（3）factory farming。（4）rearing。（5）domestication。其中，factory farming这一解释很难不引起注意，即为了特殊的目的进行集体性的养育。最典型的饲养机关就是军队，但其实现在的学校也是如此。学校会提供午餐，有的高中甚至连晚餐也一并提供。学生们每天在学校停留的时间很长，在此基础上再提供两餐正餐的话那学校无疑就成了饲养场。可从父母的立场来看，通过学校可以确认孩子的位置，且好好接受学校的教育就可以获得生存保障，所以韩国家长对学校的信任度很高。

饲养是什么概念呢？就是按照饲养者的需求去养育。在此过程中，被饲养者是没有选择权的，给什么就只能吃什么，让睡觉就得睡觉。吃学校给的饭、按照学校教的去思考去判断的人就是被饲养者。饲养的基本结构是一致的，因此培养出来的孩子也都类似。他们的想法、处理事情的方式、自身的特性趋同，他们都无法进行深度思考和观察，都是陷入无助感的存在。既然学校是饲养场，那么教师自然就成了饲养者。对于饲养者来说，保障其自身的安全是基本原则，可饲养场里完全没有保障饲养者安全的装置。就连一线学校的教师权威也遭遇到严重的挑战。被学生咬伤的教师不止一两名，教师的权威和尊严消失得无影无踪。不仅如此，教师还要看学生的眼色甚至侍奉学生。我的熟人中，有人是中学教师或小学校长，他们经常挂在嘴边的一句抱怨是："太恶心了，实在是做不下去了。"

因现代化的学校而受挫

读过《大孩子的希望教育法》后来找我做指导的父母中，有些人学历高、收入也高，非常有素质，他们的家庭并不存在功能失调的问题，也没有虐待或放任孩子不管等情况。即使是这样，家中的孩子依然非常无礼，对此父母也感到费解。我便着手开始查找父母辈所接受教育的相关资料。教育这件事，从人类诞生的那天就已经存在。但近代的学校究竟起源于何时呢？我在李知成的《思考的人文学》中找到了答案。这是非常值得欣喜的事情，他在书中做出了非常清晰的解释，具体如下。

19世纪90年代初期，欧洲的普鲁士创造出一种以前从未有过的教育制度，目的是制造无法独立思考的"傻瓜"。说得具体一点，就是为了制造只要政府、军队和企业一声令下，便会无条件服从的国民。普鲁士本来是个弱小的国家，但当大批量通过这种教育"生产"出来的新国民被投放到军队、企业和工厂后，它在短时间内迅速崛起，成了德意志强国。普鲁士创造的这套教育制度给某些人带来了强烈的冲击，他们就是19世纪的美国统治阶级。美国的教育原本是以培养能自主思考的人为目的的人文教育，但美国的统治阶级希望这种教育模式只用于自己的子女，如此一来自己的财富便可代代传承。他们希望中下阶层的白人、黑人、西班牙裔移民和亚洲移民接受的教育是普鲁士模式的。这样，统治阶级的子女才可以不费吹灰之力地统治他们。也是从这时开始，美国的教育开始分为服务上流社会的私立教育和提供给中下阶层的公立教育。美国的公立教育被美军移植到了解放后的韩国。

说得再严重一些，实行制度化教育的学校从一开始就是饲养场。因为那里不仅没有实施"有教育意义的教育"和"让人懂得思考的教育"，反而在制造"功能型的人"和"听话的人"。近代学校有三个重要的科目——语文、数学和英语。如果老百姓是文盲，那就什么都听不懂、看不懂，所以要教他们语文；国家想要富强就需要和其他国家进行贸易往来，因此，需要英语；发生战争时最需要的就是懂数学的人才。因此学校以这三个科目为中心进行教育。在韩国，学好这三个科目就等于有了进入名牌大学的保障，继而可以确保顺利就业，过上安稳的生活。实际上，父母辈也确实通过学习这三个科目脱离了绝对贫困，过上了富足的生活。韩国人之所以可以享受当下的硕果，最大的功臣当然是学校。所以，父母信任学校是有理由的，没能好好接受教育的人也很难维持生计。因此，孩子们必须好好学习，不能落后。但是，接受制度化教育的人，大部分思想一致，处事方式也一致——自私、简单、同质化。

严重受挫的好奇心和创意性

有的父母会跟我抱怨，学龄前的孩子会一天到晚跟着父母问这个问那个，弄得他们疲惫不堪。如果是这样，那其实是非常值得高兴的事。孩子本来就有强烈的好奇心，所以面对学龄前的孩子，父母要尽可能调用所有的知识储备去回应孩子的问题。比如，孩子问到和星星有关的问题，父母可以讲一讲宇宙的诞生，从宇宙大爆炸讲起，将地球科学、物理、化学、生物等知识融入其中，最后告诉孩子地球也是一颗行星。当然，从逻辑和理性的角度来说，孩子未必能听懂，但是父母的态度和解释时的气氛可以使孩子的好奇心变得更强。好奇心是为我们的人生带来幸福的宝物箱，失去了好奇心无异于失去了生命中最重要的东西，这么说并不夸张。

韩国的父母绝对是最热衷于子女教育的。在这一点上，连犹太人父母可能都略逊一筹。我们的父母辈坚持"砸锅卖铁也要供孩子上学"，当然，我们也因此摆脱了长久以来的贫穷。从连饭都吃不饱的朝鲜王朝时代，到被日本侵略，再到"6·25"战争，整个国家变成了一片废墟，俨然成了世界上最贫穷的国家。这样的国家之所以能创造"汉江奇迹"，都是因为教育的力量，韩国也因此成了世界范围内文盲率最低和大学生比例最高的国家。现在的父母也是一样，只要和子女教育有关的问题，他们早就做好了为此做出各种牺牲的心理准备。

韩国的教育是使用演绎法的填鸭式教育。这种教育最大的优点在于：可以在短时间内取得硕果；可以做到一举消除文盲，使学生学到作为社会一员必须具备的基本知识；可以培养学生的认知能力、数理能力、科学思维能力，使其成为有合理逻辑且有用的人。这种教育的主体是教师，学生只能按照老师的要求去做。填鸭式教育最大的缺点在于，它破坏了学生的好奇心和创意能力。

相反，以学生为教育主体的归纳法，是以好奇心和主导性为基础展开的教育方式。这种教育中，教师的职责是推进和引导。既有好奇心又有主导性的孩子，他们有旺盛的精力和无限的热情，就像要赌上自己的人生一样，他们会主动行动。拥有这类孩子的父母才是最有福气的人。韩国EBS的一档节目《翻转课堂》中介绍了以学生为中心的教学方法，实际上，课堂本就应该如此。

制度化教育、填鸭式教育会剥夺学生的好奇心和主导性，这类教育是很无趣的。学生陷入听讲、背诵、考试、遗忘四个环节的循环中，每天都要重复背诵无趣的内容，听到让其学习的话就难免会咬牙切齿。通过死记硬背得到的成绩直接决定了学生会得到何种评价，这种模式会让他们越来越讨厌学校。除了韩国，还有哪个国家的学生会在高中毕业后撕毁校服、把教科书撕成碎片？难怪韩国小学五年级的学生会写出这样的句子："我们在名为学校的教导所里，在名为教室的监狱里，穿着名为校服的囚服和名为室内拖鞋的囚鞋，接受着名为学习的惩罚，等待着名为毕业的释放。"

在经合组织国家中，韩国的幸福指数是最低的，但离婚率和自杀率却是最高的。自杀群体中有一半都是十几岁的孩子，这说明这个国家的学生并不幸福。同一棵大树上的每片叶子各不相同，更何况是人类。每个个体都拥有独特的个性，只有充分展现自己特性的人才会幸福。孩子们被学校这个制度化、程式化的教育现场抹杀了个性，限制了自由，被束缚在父母的欲望之中，他们怎么可能会幸福呢？他们从小就成了没有罪名的囚犯，这本身已经很辛苦了，当他们知道以后的生活还是会这样被绝望感突袭时，就会完全失去对生活的希望。

连自己的事情都做不好的孩子们

不知道如何准备上学用品，经常弄丢雨伞、衣服、鞋和文具等物品，不知道该如何选择而犹豫不决……这类孩子实在太多了，甚至很多成年人在入职之后也会因为不知道自己该做些什么而困惑，并因此被上司和同事责备。这到底是为什么呢？

选择机会过多导致的选择障碍

当代家庭做选择时总是让孩子优先

几年前，我曾在 G 市进行过为期两天的演讲。留宿一晚之后为了吃顿可口的早饭，我去了家粥铺。我就餐时，一对三十多岁的夫妇带着四岁的女儿进了店。三人刚坐下，妈妈就把菜单放到女儿面前问她想吃什么。孩子的表情有些为难，妈妈在她耳边说了些什么之后她终于做出了选择。孩子点完之后，妈妈又把菜单递给丈夫。年仅四岁的孩子就已经与父母拥有同等的点菜权了，她的选择权甚至要优先于爸爸。

通常情况下，父母完全可以替三四岁的孩子决定点什么，因为选择权是有一定判断能力的人才拥有的。孩子对于各类粥并没有判断力，所以也就无所谓如何选择，吃父母点的粥就可以了。然而，秉持过度以孩子为中心的教育理念的家长却不这么认为，他们认为孩子从小时候起就要被赋予选择权，要确保孩子在家有选择电视频道的权利，外出就餐有点菜的权利。

被赋予选择权是对个人权利的尊重，但同时也会让人产生站在选择的十字路口无所适从的感受。过度以孩子为中心的教育意味着有些事父母完全可以直接做决定，但他们还是要一一问过孩子，很多事其实是完全不需要问孩子的。讽刺的是，越是从小就拥有许多选择权的孩子，就越容易成为有选择障碍的人；反而从小就明确什么事父母可以替其做决定、什么事不可以的孩子，长大后会更为客观、迅速地做出选择。现在的年轻人之所以选择做"7抛世代"，很大程度上是因为他们从小就拥有太多选择导致反向效果，这使得他们在真正该做出选择的时候犹豫不决，最终错失机会，过早放弃或选错路的情况更是屡见不鲜。

"2万美元的诅咒"带来的选择障碍

心理学家发明了"2万美元的诅咒"这种说法。人均GDP超过2万美元的国家的人民会对生活不满足，出现虚无感、选择障碍、忧郁症、恐慌障碍等精神疾病的情况会增加。"2万美元的诅咒"这个说法就是用来说明此现象的。在人均GDP未及2万美元时，钱、工作、房子、学历、人脉、私家车等外部条件是达成幸福的关键，可当人均GDP超过2万美元后，这些东西不仅不会再影响幸福指数，人们的幸福指数反而会因名为"相对剥夺感"的潜在隐患而降低。我们拿西餐厅来说明，假如我们一家人每个月去一次西餐厅，而隔壁一家每周去一次，如此我们家就会因此感到不适。或者，隔壁一家去的那家餐厅品牌比我们去的那家好，他们的花费也比我们的高，那我们对于现在这家餐厅的满足感就会降低。当贫困国家人民"遗愿清单"上的愿望日常就能实现时，他们对生活的满足感就会降低。

人均GDP达到2万美元后出生的孩子，对匮乏和饿肚子是没有概念的。他们从出生开始就有自己的物品和自己的房间，从出生开始就吃得很饱，长大一点就有手机可以玩，他们的父母都是高学历高收入的人。但即便如此，这些孩子依然无法感知自己身处富足之中，就好像生活在水中的鱼感觉不到水的存在一样，这些孩子身处富裕之中却感受不到富裕，反而会因相对剥夺感而产生心理贫瘠感，进而感觉自己非常不幸。生活在水中的鱼因口渴而死的故事讲的就是当代的这些孩子。

在我们经常光顾的西餐厅里，服务生会为了与顾客处于同一水平视线而蹲下来，询问顾客牛排要几分熟、配菜要点些什么、饮料要喝什么，对此我一直都很不舒服，因为要做的选择太多。快餐店也是如此。虽然他们亲切地问你要点这个还是那个是因为尊重顾客的喜好，但做选择本身让我心烦意乱。有时候专门店或者只提供三四样菜品的餐厅会让我更舒服些。像司机食堂这种一入座就有东西吃的餐厅，其上菜速度也让我感叹。在这种餐厅，客人完全没有选择权，只能吃食堂按照日期和季节定好的餐食，有人正是因为这一点而感受到了这类餐厅的魅力，所以经常光顾。其原因在于，这类餐厅的厨艺值得信任，没有菜单还可以满足顾客的好奇心，从而让顾客产生一种好似回家吃饭般的期待感。

"妈宝男"就是选择障碍者

有个孩子是听妈妈的指示长大的。小学入学前他就开始上各种补习班，小学阶段上的补习班就更多了，中学的时候也没有任何逆反行为。他一直都按照妈妈的指示去做，自己也觉得很方便。因为有妈妈，所以他顺利地进入了名牌大学，一毕业就成功入职了大公司。

他入职的公司做通信业务，研修内容中有一项体验活动是爬电线杆。关于在现场工作的人到底都在做些什么，公司希望在办公室的职员对此也有基本的了解，所以设置了这项活动。轮到他的时候，他给妈妈打了个电话："妈，我现在正在参加新职员研修活动，他们让我爬到电线杆上，我要爬吗？"妈妈给出的回答是："像你这种从名牌大学毕业去他们公司的人可不是为了做这种事情的。你别爬了，去交辞职信然后回家吧。"最终，他递交了辞职信。不过，就算他不主动辞职，研修结束时也不一定能通过公司的考核。这个孩子从来都没有为自己做过决定，就算以后谈恋爱也还是会问妈妈该怎么做。试问，哪个女人会信任这种男性，把自己的一生托付给他呢？

我很喜欢KBS电视台的一档节目，叫作《动物的王国》。节目里有来自俄罗斯和东南亚国家的嘉宾。来自俄罗斯的嘉宾打算把一直养在家里当宠物的猞猁放归野外，来自东南亚国家的嘉宾打算把一直当成宠物来养的黑猩猩放归野外。因为被当作宠物豢养，本应该生活在野外的猞猁和黑猩猩幼崽从小就吃无一根毛发的肉和切好的水果，这种情况下被放归大自然，它们肯定会被活活饿死，因为它们既不懂得如何保护自己，也不懂得如何捕食。嘉宾们开始对自己养的宠物进行阶段性的训练。刚开始的时候，他们把宠物的窝从室内移到更为宽敞的室外，过一段时间后再换一个地方，最后在非常接近野外的地方做适应训练，之后才把它们放归野外。能否保护自己和有没有捕食能力是被饲养的动物能否被放归野外的判断标准，也就是说动物可以在哪里生活并非由主人决定而是由自己决定的。如此说来，其实"妈宝男"只不过是妈妈的宠物而已。确实有一辈子都把孩子抱在怀里的父母，只是这样的父母是否真的思考过——到底什么才是对孩子好的。

依然想做"国王"的孩子们

过度以孩子为中心的教育会使孩子只主张自己的权利而无视义务。正因如此，韩国几乎每家每户都有只享受"国王"特权的孩子。只要是父母说的话，这些孩子就会条件反射般地反抗且发怒，好像他们生来就是为了与父母对抗的。国王是因为要履行确保国泰民安的责任才被赋予了特权，可孩子们并不了解这一点。

有一位母亲因生活在其他地方不便做面对面的心理咨询，所以以邮件的方式向我诉苦。

虽然儿子才小学五年级，但我已经不知道该如何是好了

我的孩子虽然才上小学五年级，但是体格已经像成年人一般了。当然，我的教育方法肯定是有问题的，可是这孩子，别说自主学习了，就连自己该准备的东西和该做的作业都不管。我曾因为这一点训斥过他，也打过他好几次，现在他还学会了敷衍我。对于学习，他既不感兴趣也没有欲望。

因为他是老大，所以我对他期望很高。我也做了让步，和他说只要先完成作业、记好日记、做完阅读就行，可他还是不放在心上。我读过很多育儿的书，也按照上面说的做了，相信并接受孩子的话，可没想到是这种结果。我有种被背叛的感觉，也很生气，这让我整个人身心疲惫。

而且，他总是无缘无故找老二的茬儿，我家老二也因此饱受折磨。现在训斥老大已经变成日常了，我没有一天不朝他大喊。我到底该怎么办呢？

我的回复如下。

1. 您在邮件中提到"养育子女真的是太难了"。没错，养育子女确实非常难，但是此处的用词我要纠正一下，小学五年级的孩子已经不再是养育对象，而是教育对象。也就是说，在这个阶段，父母应该亲自教育孩子。现在孩子在基本生活方面出现了问题，不能自主学习或无法做到准备个人物品等，都是因为基本的生活态度出了问题。这不是学校该负责的部分，父母要在家亲自教育。

2. 您说曾训斥过孩子，也曾打过孩子很多次。我比较好奇您是怎样执行的，您是在做了充分说明之后打的孩子，还是觉得忍无可忍了，因情绪突然暴发打的孩子？我不知道您是在何种情况下训斥孩子的，所以没办法下定论。在您的标准和原则都明确的情况之下，训斥也是无可厚非的，但如果是因为情绪暴发而训斥，那么还请您三思。

3. 孩子之所以对学习毫无兴趣和欲望，是因为他不知道自己为什么要学习。基于此，您需要和孩子多多交流，不要只是一味地让孩子学习或让孩子做某事。对于五年级的孩子来说，这样的行为无异于强迫。您应该向孩子明确他为什么要学习。

4. 各种育儿书里都提到过要"接受孩子说的话"，这里其实是指"接受孩子的情绪"而不是"接受孩子的行为"。情绪在任何时候都可以被接受，但接受行为需要在一定基准和原则之下。比如，孩子生气摔东西的时候，家长可以接受孩子愤怒的情绪，但一定要明确指出摔东西的行为是错误的，且要让孩子知道，如果之后再出现这样的行为是要付出相应代价的。

5. 关于具体的心理咨询和指导，您可以向相关机构求助。不过，在接受外部帮助的时候，自身也要坚定不移地对孩子的养育和教育负起责任。只有这样，在遇到问题时，才可以做到及时修正孩子的行为。为人父母，一定要有自信心。

父母如果没有力量就会被欺负

无法原谅父母的子女

K君一直在埋怨父母。上学时他曾被孤立过，那个时候父母没能及时采取相应的措施解决问题。从那以后，他认为自己的生活状态不好都是父母的错，但问题在于，他的父母连自己做错了什么都不知道。如果父母下跪求得原谅的话他就会考虑接受，但父母并没有这么做。他曾经砸坏过客厅的电视机，也曾动手打过父亲。他时常会想象自己"杀掉"父母的场景。

1990年以前，"匮乏"心理学曾提出，如果父母做错了事就要向孩子求得原谅。只要可以治愈孩子心灵的创伤，哪怕是下跪也要去做。如果是父母一心为了孩子，在反省错误的过程中做出这种行为还可以理解，但如果是子女或心理咨询师要求父母这么做，就极为不妥。"父母宽恕孩子"这句话是成立的，"孩子宽恕父母"听起来就有些别扭。"宽恕"一词有自上而下的意味，而且前提是拥有审判权。举例来说，君主制时期，国王是有权力赐死或宽恕罪人的。不过说到这里，既然孩子都成了"国王"，那自然也就成了拥有审判和宽恕父母的权力的主体。

我在心理咨询中遇到的都是有缺点的父母，而当下的父母都在相当努力地争当没有"缺点"的父母。可如此一来，他们在无形中就变成了没有力量的父母。其实还不如做个有缺点有力量的父母，这比无缺点无力量的父母要好太多了。虽然当下的父母都没什么缺点，但孩子依然对父母很无礼，这其中固然有孩子自身的问题，但父母没能维护好自己的权威也是一个问题。父母如果没有力量就会被孩子任意摆布。孩子会判断父母中谁是对自己有利的一方，然后将其变成自己的同盟。柔弱的父母是可以被轻易拿捏的对象。通过强迫的方式去威胁、采取暴力行为、使用暴力语言、可怜兮兮地号啕大哭、说自己得了抑郁症，或者切换到危险模式表现得极为冲动甚至试图自杀，只要孩子从中选择一种方法就可以让父母乖乖地听话。总之，孩子们拿捏父母的方法让人觉得不可思议，这种模式一旦形成就会一直被使用。所以，父母们如果不下定决心，独立运动就不可能成功。

没有力量的父母会试图快速缝合伤口。出现问题时，他们要么快速给孩子转学或把孩子送去特殊的学校，要么匆忙带孩子去做心理咨询。这类父母全然没有留出空间去接纳孩子的问题。软弱的父母会让孩子在心理上有孤儿感。所以，在孩子出现问题的时候，比起着急解决问题，父母有必要先弄清楚孩子为何会这么做。父母应该明确：自己才是解决孩子问题的关键，要紧紧抓住孩子的心。

有《儿童权利宪章》，可为什么没有《儿童义务宪章》呢

曾有一所小学完全按照孩子们的口味来准备午餐，结果挑食的孩子反而更多了。这并不是好事，孩子们应该学着吃一些自己不喜欢的食物，而学校恰恰应该通过午餐环节来纠正孩子们挑食的习惯。作为教育主体的学

校，如果被作为教育客体的孩子们牵着鼻子走，那么教育就不存在了。由此可见，我们给予孩子的照顾和尊重是过度的。这种现象不仅发生在韩国，在全世界范围内都是一样的。学校也因此沦为服侍"国王"（孩子们）的机构。

　　韩国U市的教育支援厅曾邀请我去做演讲，两天的演讲对象分别是初中生的父母和高中生的父母，活动主题为"预防虐待儿童及保护儿童权利"。虐待儿童的现象必须被消除，无论身体上的暴力还是精神上的暴力。虐待孩子、放任不管这类剥夺孩子基本权利的情况是绝对不允许存在的。我完全赞同这一点。可是，很少有人会关注：父母们很容易以爱之名虐待孩子。以爱之名的虐待比关爱不足或身体上的虐待更可怕。以爱之名的虐待只会让孩子变成没有骨头的软体动物，变成毫无用处的人。1990年以前的心理学过于强调尊重孩子，这使得父母把孩子变成了心理上的软体动物。

　　我在演讲开始之前先朗诵了《儿童权利宪章》。正因为有很多人辛苦奉献，孩子才可以作为一个独立个体受到尊重，对此我给予充分的肯定。孩子确实应被当作一个有独立人格的个体来对待，这是理所当然的。但是，这里所说的儿童该如何确定其范围？在开始演讲前，我向负责人发问："《儿童权利宪章》里所说的儿童是指到几岁为止呢？"对方回答："19岁之前都属于儿童。"也就是说，在到达法定成人年龄之前都是儿童。听到回答后，我反问道："啊，原来是这样。但是我想问一下，什么样的儿童会看色情电影，什么样的儿童会与他人发生性关系，什么样的儿童会怀孕会打胎，什么样的儿童会抽烟喝酒，什么样的儿童会殴打父母呢？"话音一落，负责人的脸一下就红了。我又补充道："有《儿童权利宪章》，为什么没有《儿童义务宪章》呢？"我之所以会这么说，是因为两天后我还有一场演讲，演讲主题为"如果希望孩子成功且幸福，就要让孩子从小开始做家务"。

来教育支援厅听演讲的父母大多是非常有水平的人。他们经常参加各种研修，就算让他们当场演讲，他们也可以轻松地讲一两个小时。就是这样的父母，在听完我的演讲后居然大受震撼，一方面是因为我讲的这些内容和他们已知的育儿理念大相径庭，另一方面是因为我的演讲让他们觉得心里很痛快。这些父母一直奉行以孩子为中心的心理学，从我这里听到以父母为中心的心理学，他们纷纷拍案叫好。我不仅准确描述了他们孩子的特征，还详细地说明了原因和对策。

对权利说"是"，对义务说"不"

当代孩子的问题是既胆小又懒惰，只争取权利不履行义务。家家的孩子都是如此，让他履行义务简直像是要他的命。这是由于孩子从小在家里什么都不做。如果父母替孩子做了本该由孩子做的事，孩子对应当履行义务这件事就会没有概念，会毫无责任感。如果有人指出这一点，孩子要么不知所措，要么愤怒。2000年以后出生的孩子从小开始就有自己的房间，既然拥有自己的房间是特别的权利，那么自然也要有相应的义务。孩子享受着在自己房间里生活的权利，同时也应履行打扫房间的义务，这是最基本的。如果孩子履行了整理房间的义务，那么他就可以继续享受这个权利，反之，则没有享受独立房间的权利，要么取消独立房间，要么给予相应的处罚。

实际上，我曾拒绝过一些学校让我去给父母们讲课的邀请，因为我觉得讲课酬劳和我花费的时间是不匹配的。但今天的父母对于教育真是太无知了，他们还在信奉过时的心理学理论，在焦虑和恐惧的泥潭里乱折腾。抱着拯救他们的使命感，如今我会接受学校的邀请，到处去讲座。哪怕只有一个人，我也希望有父母可以大声喊出"父母独立万岁！"这句话。去学校做讲座也让我更深入地了解了学校的情况。

我去韩国I市的一所初中做演讲。这所学校是我去过的学校中最脏的一所。其他学校的花盆都会摆放得整整齐齐，教室和走廊也非常干净，可这所学校的运动场就很脏，走廊里还有沙子。我做演讲的讲堂因为很久都没有通风换气，有一股霉味。讲堂的地板一看就没有打扫过，墙上还留着鞋印，玻璃窗已经脏到阳光都无法照射进来的程度，上面都是各种污渍。这所学校所有的地方应该都没有被打扫过。我问校长：为什么学校会这么脏，学生们都不打扫卫生吗？校长说现在的孩子根本就不打扫卫生，学校都是通过劳务企业找清洁阿姨来做，因为预算不够，所以请到的人手不够，学校才会这么脏。听到回答的瞬间我叹了口气，现在的孩子竟然已经糟糕到这种程度了。当然，从清洁阿姨的角度来说，这是件好事，因为这是她们的工作机会。可是，学生们不打扫自己学习的空间，反而交给外部人员去打扫，这一行为本身已经违背了教育的初衷。不知道是谁想出来的这个方案，又是谁同意了这个方案，我真想狠狠地敲一敲他的后背。

清洁自己的身体，保持周围的环境整洁，是教育的基本，"修身齐家治国平天下"这句话说得很清楚。我们通过接受教育学习最基本的生存技能，发现生活的意义和价值，与此同时，我们也要履行整理自己生活空间的义务。"学习"一词由"学"和"习"两个字组成，其中"习"（繁体写作"習"）字是指小鸟反复整理羽毛、练习飞行，也就是自我管理的意思。苍蝇会经常搓它的前脚，这样它才可以清理黏在身上的食物，维持自身的灵敏度。连苍蝇都知道做自我整理，更何况人类呢？在我看来，不安排孩子打扫卫生的学校就不是教育场所。我也去过一些学校，校长有自己的教育理念，学生们毕恭毕敬地对待外来讲师，校园也打扫得很干净。可见，教育会因教育主体不同而不同。

孩子们是如何变成"国王"的

2012年开始撰写《大孩子的希望教育法》后，我开始重新关注韩国子女教育模式这一部分的信息。之后，我得出"当代韩国的孩子们已经成了'暴君'，而父母成了'庶民'"的结论。与此同时，被称为育儿天堂的瑞典出版了一本书，名为《孩子们是如何掌权的》(Hur barnen tog makten)。我怀着喜悦的心情购入了这本书，拿到手后反复读了好多遍。我把这本书列入"希望教育法父母支援小组"的必读书目，还做了读书分享活动。直到今天，我依然会把这本书推荐给因信赖希望教育法来拜访我的父母。

这本书的作者是瑞典的精神科医生大卫·埃伯哈德(David Eberhard)，2016年出版了韩文版本。书里详细介绍了孩子们是如何稳居宝座的。对于为什么以孩子为中心的那套心理学理论不能成为真理，书中也给出了明确的解释。作者以现代的视角重新审视了1990年以前的心理学和教育学，他认为，孩子可以掌权是因为当时的心理学要求家长过度以孩子为中心，孩子成了"国王"就意味着家长成了"庶民"。

　　《孩子们是如何掌权的》这本书向我们抛出了"到底应该如何教育孩子"这个问题，同时也引发了父母的思考：如果想重拾信心，自己到底

应该做点什么。作者在书中强调，瑞典父母采用
过度以孩子为中心的育儿方式，教育出的孩子毫
无教养，父母应该重新在家庭内部找回权力。父
母需要树立权威，为了让孩子不走弯路，必要
时也可以适当训斥。只有这样，孩子才能朝着正
确的方向成长。如何做相信自己、自信行动的父
母？这本书给出了答案。

不懂如何听、停止生长的孩子们

没有灵气的孩子们

由于只能用科学性的思维模式去看待世界，因此当
代的孩子无比自私且很容易计较得失，他们既不能接受
吃亏也不会做出让步。他们通过学校教育习得了知识，
却不知道什么叫智慧。如果不能拓展思维、提升认知，
人是无法成为智者的。普通人只能看到事情的一面，有
智慧的人却拥有一双慧眼，能同时看到很多方面，甚至
可以预测还未浮出水面的部分。世界越发展，就越需要
这样有智慧的人。

想拥有智慧，就应该会听。"聪明"一词由"聪"和"明"组合而成，也就是听觉和视觉都很灵敏的意思。"聪"是指能快速对听到的内容做出判断，随机应变的能力强，我们经常听到有人说"那个孩子很有灵气（很聪明）"。所以说，教育是从听开始的，没有听就没有教育。会听的人，无论身处何地，无论何时都做好了学习的准备。"看"的教育使人聪明、精于计算，但无法训练出智慧、综合思维的能力。

会听的人是谦逊的。子女在父母膝下，才会顺从父母，听父母的话。从小就受到过度尊重、受到国王般待遇的孩子已经站在了人际关系的顶端，位置比父母还要高，无论父母说什么他们都不会听。"国王是发号施令的人而不是要听话的人。"仔细研究一下，这句话其实是错误的。真正的圣君应该比任何人都要懂得听，应去听臣子的忠言和百姓的心声。听（繁体写作"聽"）字由"耳""十""目""一""心"5个部分组成，国王应该带着十双眼睛和一颗心去听百姓的心声。

因为从小就没有接受过"听"的教育，所以当代的孩子会不听父母的话。只要是父母说的话，他们就一定会当耳旁风，完全无视父母，像对待仆人一样对待父母。

《圣经》十诫中的第五诫提到"对父母恭敬"，目的就是要打造听话的子女。十诫的前四条是对神的，后六条则是对人的。父母是"上帝"的代理主体，对父母不恭敬的人也绝不会对"上帝"恭敬，不爱父母的人也绝不会爱"上帝"。当代的孩子非但不"恭敬父母"，反而会"攻击父母"。莫名其妙被孩子攻击到遍体鳞伤的父母不在少数。

不会听的人对层级没有概念，对层级没有概念的人只会成为一个肤浅的人。对于孩子们来说，宗教或哲学等概念他们自然听不进去。美国作家大卫·霍金斯（David Hawkins）在其著作《意念力》（Power VS. Force）中提出，通过一个人对宗教的态度可以推断出他的意识水平。问题不在于信教与否，而在于在不信教的情况下一个人对宗教持怎样的态度。即使不信教但还是对宗教保持着基本的尊敬之心，这说明一个人的意识水平较高。

想要培养出听父母话的孩子，就要从小教他对父母使用"是的……但是……"句式。听到父母的话后先回答"是的"，然后再说自己想说的话。没有"是的"只有"但是"，父母的权威就会消失。举个例子，父母说："现在收拾一下房间。"孩子就可以说:"好的,但是我现在有点忙,10分钟后再收拾可以吗?"孩子需要学习这样的句式,就算父母说的话对自己不利,站在自己的角度觉得委屈,也要先听父母说完。有必要的话,说"好的"时,也可以用复制法。父母说:"现在收拾一下房间。"孩子可以说:"好的,让我现在收拾房间吗?"如果孩子没办法马上去做,就用"但是"去调节。父母这样做才能维持自己的权威,才会有力量。

被称为"隔离 (isolation)"的防御机制束缚着孩子

苏黎世大学教授艾米尔·布鲁内尔 (Emil Brunner) 曾说过:"人类会在自己与他人的人际关系中形成一个人格。"当代的孩子不知道如何与他人建立关系,因为在建立关系的过程中屡次失败,他们最终选择活在自己的世界里。这就是被称为"隔离"的一种防御机制。有这种防御机制的孩子表现得对生活既没有兴趣也没有欲望,不会有哲学性的思考 (我为什么要活着),时而会有虚无感,想去死。

我在咨询现场见过很多因抑郁症而饱受心理折磨的人。诱发抑郁症的原因有很多,但在我看来这是一种孤独病。讽刺的是，大脑越聪明、性格越内向、内心越柔软善良的人，越容易患上抑郁症。别人只想到一件事，他们已经想到了三四件事，而且他们的想法较为负面，别人根本不在乎的事情他们也会放在心上。有时候忘记也是一件好事，可他们却很容易把别人说过的话一句不落地记在心里。当然，有时候他们也会把这些想法升华成艺术或文学，创作出惊为天人的作品。也正因如此，伟大的诗人多数都饱受抑郁症的折磨。

人与人之间来往的时候不应该考虑太多。从某种程度上来说，不计较对方的失误和弱点，懂得变通并保持适当距离，才能让一段关系变得舒适。精于算计、计较得失的人很难与他人形成健康的关系。比起利益，基于人与人之间的吸引力交朋友对彼此都有益处，这样的关系也会更长久。所以，内心充满自信的人自然更有魅力。

人类是通过他人获取能量的，所以，当我们和其他人在一起的时候，生命状态会更丰盈。隔离意味着没有可以获得能量的通道，就好比如果不加够油的话，一辆性能良好的新型跑车也无法奔驰。如今出现了很多有才华、有实力、家庭环境良好、头脑聪明却陷入无助感的孩子，很多孩子在小学甚至初中时还是人们眼中的"别人家孩子"，等到再升学时却一下跌入谷底，父母的期待也跟着全部坍塌，甚至孩子日后能否自立都是未知数，叫人无法不担心。

被称为"戒断 (withdrawal)"的防御机制束缚着孩子

人际关系是非常复杂的。人和人之间有相处得非常融洽的时候，也有发生矛盾和误会的时候。前一天双方关系还很好，第二天就有可能发生严重的矛盾。根据当时的情况解决问题也是一个课题。当然，我们也可以把这个课题当成人生路上的一场游戏，像对待庆典一样对待它。这就需要我们具有非常高水平的乐观指数和精神素质，没有思考力的人是很难达到这种状态的。

当代孩子的思想远达不到这一标准。因为他们从小就没有接受过这种思考训练，自然也就讨厌思考复杂的事情。因为讨厌面对由复杂的人际关系引发的各种情况，所以他们干脆回避社交。这就意味着独自生活。孩子们变成了在自己的空间里逃避一切、对任何事情都毫无兴趣的人。这就是名为"戒断"的防御机制，其原理是：如果提出要求被拒绝的话就会受伤，所以干脆不做要求，将伤害降到最低。与"戒断"同时出现的还有另一种被称为"合理化（rationalization）"的防御机制——"我不需要这个""我什么都做不好""反正这辈子已经完了"。

在美国，宠物产业增长率与抑郁症患者增长率是成正比的，韩国也是如此。这说明处于隔离状态的、使用戒断防御机制的人确实非常多。宠物正在替代人类的角色，人们称宠物为"陪伴宠物"，因为宠物是不会背叛人类的，也不会去点评主人的能力和道德性。只要主人解决了宠物的衣食住行问题，宠物就会无比忠诚。可是，人是需要以他人为镜的，人能通过与他人的相处更加了解自己，同时也能通过人际关系获得成长。随着年龄的增长，人际关系也越来越重要。

被称为"投射（projection）"的防御机制束缚着孩子

当代的孩子不仅越过父母直接成王，甚至还有"走向神坛"的趋势。他们认为自己有审判世间万物的权力。

《圣经》第一卷《创世纪》第四章中登场的该隐杀掉了他的弟弟亚伯。这是因为该隐自视为神，并将问题归因于外部因素。如果该隐碰到问题时从自身寻找原因，那么他和弟弟亚伯的关系就会走向双赢，但该隐在面对问题的时候却从外部寻找原因，最终把矛头指向了弟弟亚伯，这种嫁祸于人的行为即"投射"。该隐不仅不从自身寻找原因，反而坚定地认为这是耶稣和亚伯的错，继而将愤怒投射到亚伯身上。从该隐的角度来说，他的愤怒具有正当性，但实际上那不过是极为主观的判断。对于这种现象，德国大文豪歌德曾说过这样的话："如果人人都能认识到自己有可能会误会他人，那就不会有人在他人面前随便说话了。"可该隐从未想过是自己误会了他人。

像该隐一样发现问题后不从自身找原因，而是埋怨他人，认为自己委屈、是受害者的现象被称为"受害者综合征"，这一点之前也提到过。沟通分析（Transactional Analysis, 简称TA）流派的创始人艾瑞克·伯恩（Eric Berne）称这一现象为"游戏"，即一个人不做任何事情，不承认自己存在问题，将所有责任都推给外部环境和周围的人。从心理学的角度来说，这场"游戏"的结果始终是负面的。心理学中有一个名为"都是因为你"的游戏。举个例子，孩子在阐述自己不学习的理由时会说"全都是因为妈妈""因为妈妈不让我玩手机，所以我讨厌学习""因为妈妈不让我玩游戏，所以我不要学习"。"双重束缚"是有投射行为的人经常使用的行为范式之一，即不管对方做什么，他都会用同样的话术。"我妈妈为什么不像其他妈妈那样让我去学习呢？是不是对我太不关心了？"明明之前还说着这句话，可妈妈叫他去学习时他又会说："本来我好不容易下定决心去学习了，妈妈一催促，我一下就没有兴致了。"无论妈妈说什么都是错的，都会成为孩子生气的理由。

精神体格弱小的孩子们

强迫平等和受害者综合征都是固化的心理现象

我曾前往一所小学给父母做教育讲座。和校长打过招呼正一起喝茶时，听到了这样一个故事：学校教学楼中央走廊里有台电梯，供残疾人、访客和教师使用，有需要搬运东西的情况也可以用。某天，一个五年级的男生找到校长并问他："为什么明明有电梯，我们却不能使用呢？我们公寓楼的电梯是所有人都可以使用的。"校长听了这番话后有些不知所措，也不知道该如何说明，下意识地说了句"抱歉"。

校长有必要对孩子说的话感到抱歉吗？如果那孩子只是出于好奇而发问，那确实有必要为他解释一下，但那孩子只是站在自己的立场觉得不公平，想表达自己的不满罢了。孩子的逻辑是，学生和教师是平起平坐的。据他所说，所有公寓的居民都拥有并享受同样的权利，为了这份权利居民每个月都要交物业费，也就是说这份权利是付出一定代价换来的。学校的电梯是为了处理学校的事务安装的，无论教师还是学生都应该遵守学校的规定。仅仅因为自己是学校的学生就主张使用电梯实属越权行为。孩子们混淆了平等 (equality) 和公平 (equity) 的概念。

教育的主体和客体应明确区分开来。教育的主体在垂直系统的上方，但过于以孩子为中心的教育会破坏垂直系统，使主体和客体位置颠倒，变为孩子在上、教师在下的情况。对于在家里称王、到了学校也想称王的孩子来说，电梯只是工具，禁止他们使用无疑是不公平的。他们因自己被剥夺了权利而觉得委屈，这就是强迫公平导致的受害者综合征。我们只要看一看对话内容就会发现，他们只争取权利而拒绝履行义务。他们不会记得之前别人做得很好的九件事，只会盯着做得不好的那一件事不放，并因此觉得委屈，变得斤斤计较，好像十件事都做得不对。如果小学时就这样，等到上中学时就不敢想象孩子会是什么情况。一直抱着这种想法的人，成年之后又要如何面对社会生活和婚姻生活呢？

受害者综合征和强迫公平的现象，均由以自我为中心的思维方式引起。前面也提到过，身体上的成长叫作发育，心理上的成长则为发展。发育是循序渐进地生长，到了某一时间点后开始下行（老化）。但发展是阶段性的，发展过程中的每个阶段都有需要完成的任务，如果某个阶段的任务没能完成，那么个体的心理状态就会一直停留在该阶段，也就是所谓的"固着"。虽然身体在成长，语文、逻辑、数学、科学等方面的知识也在增长，但固着导致其心理年龄停留在婴幼儿阶段。他们无法和父母沟通，也不会听父母的话。

成年后依然会有受害者综合征

很多人成年之后仍有受害者综合征的表现，常常感到委屈。比如，我负责的事情明明是A，负责B的同事因休假而缺勤，如果因此让我去负责B的话，我就会觉得很不合理，既委屈又心烦。我正在努力做好自己的分内之事，增加B会分散我的时间和精力，最后导致我连A也没办法做好，所以我会非常愤怒。这样的人丝毫没有考虑同事情谊，也没有奉献精神。他们不希望别人来麻烦自己，自己也不会去麻烦别人。对自己的工作负责，做好自己分内之事，以此获得报酬，同时又不给别人添麻烦的想法是对的，但是人一旦成了受害者综合征的奴隶，就会讨厌存在这种情况的组织，会认为这种地方处处不合理，想要马上逃离。这类人的头脑中没有相互帮助和相互成就的概念。在西欧，尊重个体的个性，只对自己分内之事负责的人被称为个人主义者。我在想，个人主义者的概念到了韩国是否已经变质了，成了利己主义者。

因人际关系而感到不适是上班族离职或者换工作的最大原因。离职的外部因素可能是组织内存在不合理现象、同事之间有矛盾，或者无法承受业务带来的压力。内部因素就是当事人有受害者综合征和强迫公平情结。实际上，职场上就是会有不合理的事情发生，但不合理的程度可能只有10%~20%，但当事人感受到的程度却有100%~200%，所以他们会觉得无法忍受，继而果断辞职。

孩子说的受伤是主观性的受伤

我可是因为妈妈而受伤了呢

L女士是两个女孩的妈妈。正在上小学六年级的大女儿非常不听话，无论L女士说什么，她都会委屈地回答："我可是因为妈妈而受到了伤害呢！"只要情况对自己稍有不利，她就会把受伤挂在嘴边。L女士在她小时候曾敲过她的后背，她却将这视为家庭暴力，进而认为自己受到了伤害，也因此认为既然自己受了伤，就无须再履行义务了。

面对这种情况，法律会站在哪一边呢？当然是孩子这边。法律会认为妈妈是加害者，孩子是受害者，因为孩子确实亲口说出了"受伤"这个词。法律为发声的人辩护。如果孩子诉诸法律，法律当然会站在孩子一边。还有部分父母一听到孩子说这种话就会觉得抱歉。

我问那位母亲："您是毫无理由地敲孩子后背的吗？"她听后连忙摆手，露出难以置信的表情。她说孩子太顽固，自己实在是忍无可忍才敲了一下。身陷受害者综合征的孩子想不到父母的好。情况稍有不如意，他们就会想起父母没能做到的、没能按自己要求做的事，强调自己作为受害者遭受了不正当对待的事实，故而会使用"受伤"一词。心理学认为，一个人童年时的创伤经历，对他成年后的社会生活和婚姻生活都会有影响。但这句话也不是绝对的真理，因为这世界上还有很多智者会把人生中的苦难当作宝贵的经历。他们不会抱怨，不会说"就是因为××，所以我才××"这样的话，他们会说"托××的福……"。

我在做自我疗愈工作坊的时候，有个小组里有两名经历相同的成员。两个人在小学五年级时都因说谎被自己的妈妈打了小腿，但他们呈现出来的却是两种完全不同的处世哲学。一个人说："现在还觉得当时挨打很委屈。"而另一个人却说："无论发生什么事，都不能再说谎了。"明明是同样的经历，为什么两个人的反应截然不同呢？人是现实的，即在遇事时会做出对自己更有利的选择。而且人是有"心理弹性（resilience）"的，能战胜曾经的伤痛并过上更好的生活。教育应该专注于培养这样的人，而不是培养功能型的人。明确教育的主要目标，其他的目标自然会随之实现。可当下我们的教育却处于本末倒置的状态。

其实，孩子所说的"受伤"一词前应加上修饰语"主观的"，也就是说是他自己主观认为自己受伤了。父母应该对"客观的"伤害负责，即明显的、不可否认的伤害。比如，孩子明明没有做错任何事，父母却殴打孩子撒气；明明训斥几句就可以解决的事却非要动手，甚至非要把孩子打到见血。上述情况都是不可否认的伤害。父母情绪激动导致对孩子过度处罚，孩子因此觉得委屈，甚至成了受害者，这类虐待儿童的现象确实应该重视，应该被彻底消除。但从父母的角度来说，如果孩子做出在车道上乱跑等危险行为，或对父母破口大骂，父母就无须为敲打其后背的行为负责，这也不是伤害。当孩子嚷嚷着"自己受伤了"的时候，父母无须无条件表示认同。孩子如果说"我可是因为妈妈而受伤了呢"，妈妈可以这样回应："那是你觉得受伤了，妈妈可没有伤害过你，而且这件事都是因你而起。"家长有必要以这种方式把事情说明白。父母不该沦为"创伤理论"的奴隶，像仆人一样跪地服侍国王一般的孩子。

孩子说"受伤了"，恰恰证明孩子被囚禁在名为"自我"的监狱里。所谓"客观"，就是指原原本本的事实。

想要做到客观，就需要分清楚哪些是自身的问题，哪些是对方的问题，且要勇于承认并接受自身的问题。但是，以"自我"为中心的人没有"做错事"的概念，自然会把问题都推到他人身上，所以孩子犯了错只会怪父母。以受伤为由无条件拒绝父母说的任何话且发火的行为是不应该的。孩子主张一切都是父母的错，但理智地看，我们会发现，这只不过是孩子因自己不听话而向父母发火且无法对自己的行为负责的表现罢了。

读过《大孩子的希望教育法》后来找我的父母中，有为了能好好教育孩子从孕期就开始读育儿书的人。他们明明按照书中讲的内容去做了，但孩子却完全没有成长为书中所说的模样。对此，不少父母都感到惊慌失措，不知道如何是好。我在他们怅然若失的时候告诉了他们具体的原因，他们都很感谢我。书中教育子女的方法并不等同于真理。过去最优秀的教育理论也不一定适用于现在的孩子，当下最优秀的教育理论在50年后也有可能成为最无知的方法，实践该教育模式的父母也有可能被判定为在虐待孩子。但"父母就是父母，孩子就是孩子"的基本结构是亘古不变的，这是人伦。从这个层面来看，父母完全可以自信一些。

第二部分

·—•—·

父母独立万岁

父母独立是首要任务

被匮乏理论洗脑的父母

我在进修咨询心理学硕士和博士学位的过程中，发现了一个非常有趣的现象：韩国的父母非常看重"客体关系理论"。它是以精神分析流派的理论为基础的决定论，即孩子在婴幼儿时期与母亲的关系对自我的形成有决定性的影响。了解这一理论后，父母通常会不安，他们会向自己发问："我和孩子之间的客体关系好吗？""我和父母之间的客体关系好吗？"对这两个问题，父母大概都没什么自信。

"客体关系理论"与康拉德·劳伦兹（Konrad Lorenz）的"印刻理论"、哈利·哈洛（H. Harlow）的恒河猴实验、英国心理学家约翰·鲍尔比（John Bowlby）的依恋理论均有关联。这些理论的问世让人们意识到，孩子在婴幼儿时期与父母的关系经验非常重要。特别是孩子在婴幼儿时期，如果无法和母亲形成良好的依恋关系，其自尊水平就会较低，继而无法进行正常的生活。这种决定论对于父母来说极为可怕。韩国的妈妈为了和子女形成良好的依恋关系，做了很多努力。最近爸爸们更为积极，因此也有很多孩子和爸爸形成了依恋关系。但很少有人知道，约翰·鲍尔比强调的不是依恋 (attchment)，而是分离 (detachment)。他强调，亲密依恋关系的形成是孩子可以做到健康分离的必要条件。"客体关系理论"心理学者玛格丽·马勒 (M. Mahler) 用"分离—个体化 (Separation-individuation)"来说明这一点。其实，"分离—个体化"是自然界的基本原理。孩子越小，对妈妈越是有绝对性的依赖，但长大后他就会追求独立。

依恋理论强调人在婴幼儿时期需要绝对被爱。韩国的父母也因此认为如果子女多的话，对每个孩子的爱就会被稀释，所以不如只生一两个孩子，给他们全部的爱。人们会不断强调"从生下孩子到把他们养育成人要花上几亿韩元"。既然养一个孩子都要花上好几亿韩元，那当然不能多生。但这并不是生育的全部意义。生育是一种体验，选择生育也有多种原因。生育带来的家人之间的亲密感，以及与家人和谐交流、化解矛盾的过程中形成的协同性都是非常重要的。多生育子女从古代时期就被认为是美德和福气，可在竞争型的社会中，学历越高的人就越会反对这件事。归根结底是因为当今运转的社会化教育体系已经被囚禁在名为"自我"的牢笼里了。无论承认与否，生育子女并将孩子养大成人、父母与子女交流从而获得成长等都是非常特别的体验。也就是说，成为父母本身就是一件特别幸福的事。

父母独立宣言书

很多人做了父母后不仅没怎么感觉到幸福，反而满是负担和绝望。这是因为他们用老掉牙的心理学理论去教育子女，结果沦落到被子女"殖民"的地步。为了实现"光复"（家长权威），父母的首要任务就是独立。我参考了1919年"三一运动"时期33位韩国民族代表撰写的《己未独立宣言书》，拟订了下面这份父母独立宣言。

我们明确宣告，我们既为子女的父母，亦为教育的主体。我们将怀抱亲密感，树立权威，按照正确的方式养育并教育子女。

为巩固全世界的精神教育之根基，我们将明确父母与子女之间的垂直关系。我们还将宣告独立，为了孩子的幸福和成功，为了最终把孩子送到世界舞台去。

往昔的我们因沦落为旧式心理学和教育学的奴隶，犯下了侍奉孩子为王的错误，且常将子女的问题视作自身的问题，认为只有有问题的父母，绝无有问题的孩子。但作为1990年后出生的孩子的父母，这些理论不仅已经过时，还会让父母教育出愤怒的孩子。为了做没有问题的父母，往昔的我们做了很多努力。为了成为好父母，我们也做了足够的功课，并做好了为孩子全面付出的准备。我们努力——倾听孩子的心声、向孩子敞开心扉、争取成为孩子的好朋友等。如此美好的出发点却被完全忽视，不知何时孩子俨然已成为掌权的"暴君"，而我们却沦落为"庶民"。我们并没有意识到父母的地位已经被夺去了多久，孩子已经横行发威了多久，又或者因担心孩子的未来我们醒着度过了多少个漫漫长夜。如今，我们将越过旧式心理学和教育学的理论，以及制度化教育下的子女教育方式，身为父母的我们将成为教育孩子的主体。我们会把孩子教育成比我们更好的人，然后将他们送到世界舞台去。我们将以支撑人类精神世界的思想作为根基，将哲学的教导作为基础，帮助子女形成抽象的思维方式。因此，孩子要尊敬地称我们为"父亲""母亲"，以此扮演好各自的角色。

公约三章

◉ 我们于今日起草的这份文件，是对往昔沦为子女仆人的反省，更是为了重新找回父母地位，所以不必觉得奇怪或是愤怒。

◉ 在父母和子女之间恢复正常的垂直关系之前，我们绝不会屈服。

◉ 我们所有的行动均有明确的根据和理论支持，绝不会出现有失公平的事情。

父亲＿＿＿＿＿母亲＿＿＿＿＿

为何父母需要独立

第一，现代韩国父母俨然已经沦为子女的"殖民地"。来找我做希望教育法咨询的父母并非无知或有施暴行为等，他们的家庭也不是"机能不全家庭（dysfunction family)"，相反，正是机能过于健全，导致他们成了放纵型或过度型的父母。可不知从何时开始，父母们俨然已沦为子女的"殖民地"，被子女剥削，在子女挥舞的刀刃下陷入无助。这类父母就算使用希望教育法也会失败。手无缚鸡之力的一方如果贸然策划谋逆的话，只会沦为"逆贼"被"斩首示众"。对于父母们来说，重新找回力量的第一步，是从旧式心理学导致的焦虑沼泽中爬出来。

第二，有些父母会选择回避问题。这类父母会把所有问题都扔给心理咨询师解决。来找我咨询的父母中，有去过一般咨询室和青少年咨询室的，甚至还有强制子女到精神科住院的。这类父母抱着最后的希望来找我，希望我可以在一夜之间解决所有的问题。不管我在哪里，他们都会不辞辛苦地来找我。他们认为子女的问题较为严重，只要可以解决子女的问题，就算是三顾茅庐他们也在所不辞。

第三，父母们已经精疲力尽。这也是最令我心痛的一点。这类父母已经被消耗了所有的精力，变得软弱不堪。由于长时间处于被子女"殖民"的状态，他们饱受无助感的折磨，无论身体上还是心理上都是如此。他们抱着最后一丝希望找到我，可别说接受指导了，他们甚至无力调整自己身心俱疲的状态。我觉得十分惋惜，这些人到底做错了什么？他们真的是所谓的"问题父母"吗？如果他们是无知到油盐不进、既可怕又不懂变通、严格维护自己权威的父母倒也罢了，可他们是为了成为好父母颇为努力的人，最终却沦为子女的"殖民地"，该如何解释这一"奇观"呢？

第四，夫妻之间的问题需要优先解决。子女因父母之间的问题而出现问题的情况不在少数。有很多夫妻，一起生活了数十年却从未真挚地交谈过。不过万幸的是，很多夫妻因子女问题结成同盟。家庭治疗中将有问题的孩子称为"被指认的病人（identified patient，简写作I.P）"，同时也称其为"功臣"，因为孩子让关系本已破裂的夫妻重新建立了联结。这种情况下，在实行希望教育法之前，父母应该先解决自己的问题，有时要先做夫妻咨询，过程中甚至会触及个人问题，比如不安、担忧等。想要解决孩子的问题，夫妻二人就必须处于稳定的状态。很多夫妻自己都站不稳，当然就没办法解决孩子的问题。

第五，父母坚定不移地选择独立时，子女问题才能被尽快解决。切实执行我的希望教育法的父母，通常都能在短时间内解决问题。当事人对于这一点也甚为惊讶，由于解决速度太快反而感觉有些奇怪，其实这不过是因为刀把比刀刃更有威力罢了。在实施希望教育法时，父母只要认识到刀把掌握在自己手里，就会明白自己是有优势的一方。父母提出标准和原则时，孩子当然会反对，但当孩子认识到一味地反对最终伤害的是自己这一事实后，就会慢慢收敛。

是"父母独立万岁"，还是"父母光复万岁"

美国将7月4日定为独立纪念日，对于美国来说，"独立"一词非常恰当。因为长期被英国统治，任由英国肆意提出无理要求的美国宣布要摆脱英国的统治。成为独立国家需要具备三个条件：领土、国民和主权。当时的美国已经拥有了领土和国民。为了成为一个独立国家，美国开始争取主权，并为此展开了斗争。但韩国的情况不能用"独立"一词。我们曾经历过一段因国家软弱而被日本统治的屈辱岁月，夺回被抢走的国家。找回丢失的国家，不能被称为独立，而要说光复。我个人觉得，韩国国家独立纪念馆的牌匾应换成"光复纪念馆"。我曾去过韩国国家独立纪念馆。站在入口处时,我就已经因为名字感到不适了,这名字不就等于我们承认了自己曾是日本的附属国吗?不过幸好8月15日被定为韩国"光复节"。

不过无论是独立,还是光复,有些父母都会觉得奇怪:为什么要用与政治相关的词?其实,无论从生物学的角度来看韩国的父母,还是观察其生存状态,他们为人父母的身份早已名存实亡。因为他们只知道做人父母就是要让孩子吃饱饭,让孩子接受教育,他们只知道最好的父母就是让一切都如孩子所愿,但他们做梦都没有想到,在这种情况下孩子会成为"国王",而自己则会成为孩子的"殖民地"。

所以,严格来讲这并不是独立。独立是指子女成年后离开父母的行为,父母对子女宣布独立是不成立的。即便如此,我依然使用这个词,原因在于,这世上还有很多父母亲手将自己变为子女的"附属国"。我希望他们可以夺回自己的"领地",明确自己的角色到底是什么。且从生物学的角度来说,父母们虽然已经长大成人并结婚生子,但他们始终未能达到真正的成人状态。既然自己都没有做到从原生家庭中独立，又怎么能教会子女独立呢？

即使父母没有问题，孩子也会出问题

　　《大孩子的希望教育法》出版后，我曾统计过前来向我咨询的父母的职业，其中教师、护士和公务员最多。这些人通常与"有问题的父母"相去甚远。他们从学生时期就努力学习，学历和收入都较高，可以说是模范生中的模范生。他们勤勤恳恳，努力生活着，而且在子女教育的问题上充满了热情。他们不分昼夜地操劳，只为将子女培养好。他们读育儿书，奔波于各种育儿讲座之间，还经常通过电视节目和网络视频来学习育儿知识，可孩子还是出现了叛逆、离家出走、脱离正轨、无助、粗鲁无礼、懒惰、没有生活目标、意志力薄弱等问题。难道只用一句"因为父母有问题"，将所有的原因都推到父母身上就可以了吗？这样胡乱下结论的人到底是谁，他们又有何根据呢？

　　如果孩子出现问题真的另有原因的话，这是否意味着也另有答案呢？那些把心理咨询室的门槛都踏破了的父母其实没有多大的问题。比起父母，反而是学校、社会及我们的价值观有更严重的问题。如此说来，父母不仅不是始作俑者，还是受害者。现在有必要明确区分一下何为外部因素、何为自身因素。至少父母不会否认或逃避自身的问题，当他们明白自己不是加害者而是受害者之后，就应该清楚如何不再受伤害，并寻找行之有效的解决办法。

对于过去一直因这些问题而苦恼的父母来说，这本书会给出一份答案。书里的内容不仅能帮助他们解决问题，还能让他们在一段时间内维持松弛的状态。这就是心理咨询师在咨询中的"支撑功能（function of sustainning）"和"抱持功能（function of holding）"。韩国的父母非常有能力，只要稍稍为他们提供一点帮助，他们就可以做到自行解决子女的问题。因此，继本书后，我打算出版一本《别把孩子教成"国王"：实践篇》。书中会讨论12个育儿主题，在帮助父母成为教育主体后，3个月内他们便可做到极有耐心地教导孩子，分担孩子的烦恼。所以说，不是只有通过做心理咨询才能解决子女的问题，父母完全可以自己解决问题，这也能发展成一种文化。

彼时对，此时错

韩国父母对于子女教育的热情可以说是世界第一。可令人遗憾的是，他们这么做的内部动机是深深的焦虑感。讽刺的是，导致父母焦虑的正是所谓的专家。其实专家也不过是某个领域的专家而已，所以我在介绍《孩子们是如何掌权的》一书的作者时并没有用"专家"一词。

本杰明·斯波克（Benjamin Spock）博士堪称"育儿之父"。他的作品《斯波克育儿经》出版时，在美国社会掀起了轩然大波，因为他的观点"父母的视线应与孩子的保持齐平"令当时的人们受到了强烈的冲击。那时候，《斯波克育儿经》就好比"育儿圣经"。当时美国中产阶级家庭的书柜中必备的三本书分别为《圣经》、玛格丽特·米切尔的《飘》和《斯波克育儿经》。但这本书却让父母沦为围着孩子团团转的存在，父母将孩子视为"国王"，自己却沦为"殖民地"。还有很多专家在此理论的基础上提出了其他理论，这些理论也把韩国父母变成了被肆意横扫的"杂草"。

当代的父母并不是问题父母，他们不仅没有问题，反而是我童年时期梦想中的那种父母——拥有本科及以上的学历，有私家车，用尽全力支持子女，和子女有基本的亲密感，无限保障子女的权利。可即便如此，孩子们还是会反抗或谩骂父母，对智能手机或游戏上瘾，沉浸在无助感之中，满是委屈和愤怒。这样看来，"没问题的父母—有问题的子女"这种说法是成立的。我在确定问题之后便开始担忧：为什么会出现这一现象？我们又该如何解决？我开始重新思考心理咨询。

软弱无比的父母身陷焦虑和恐惧，孩子们的行为又出奇的一致，好似一群刚刚读过剧本的演员表演出来的。从这一点来分析的话，给孩子们洗脑的到底是谁呢？答案是韩国制度化的教育。孩子们行为一致是接受了制度化教育的结果。我回顾了一下我们接受的制度化教育的历史和模式，并对其他国家的教育系统进行了探究。当我了解到犹太人的教育方式后，答案就比较明确了，我得出了"韩国没有教育，只有饲养"的结论。被饲养的孩子长大成为父母后会被模式化的思维方式限制，沦为焦虑感的奴隶。焦虑的父母必然会成为孩子的仆人。

大学生已经是成年人了，理应离开父母独立生活，但这是孩子人生预备期的延长线。比起高中一毕业就进入社会，大学毕业后进入社会更为有利，所以我们需要大学这个阶段来做准备。但现如今，韩国的大学缺少基本的辨别能力，以就业率作为判断优质大学的标准真是让人心寒。如果大学能在完成其基本职能的情况下提高毕业生的就业率，那固然很好，可如果大学里的一切都以就业率为准则的话，那大学就不能被称为大学，它不过是一所职业学校罢了。大学这么做是在自降身价，我认为这样的学校不应该称其为"大学"，而应称其为"犬学"。

按照以前的方式养育子女的话，只会造成子女为王、父母为奴的局面。把孩子送进大学，看到孩子迈入婚姻，不等于父母就可以解放了。很多成年人即使上了大学、结婚生子了，依然处于不明事理的状态。如此一来，我们就会看到父母不亲自教育自己的孩子等不负责任的现象不断发生。

问题不在于做得不够，而在于做得太多

旧式心理学一口咬定孩子的问题是因为父母做得不

够。接受过良好教育的父母极力避免这种情况发生，可他们在此过程中却不知不觉成了做得太多的父母。想要秧苗发芽，应将其移栽到温度和湿度都合适的地方，但如果反复如此就会导致秧苗失去自我生长的能力。

草食儿童剧增

妈妈，接下来我要做什么？

有这样一个孩子，即使已经到了小学高年级，也依然会把"妈妈，我该做什么""妈妈，接下来我要做什么"挂在嘴边。按照妈妈的安排，放学后应该去钢琴学校和跆拳道学校，回到家应该做作业。这孩子从上小学开始，所有的东西都是妈妈来准备，他从未独立思考过。这个孩子长大后，会成为没有生存能力的成年人。

草食儿童既无自我保护能力，也无捕食能力。大家可以想象一下，明明是肉食动物，却一直在以草食动物的方式生活是什么感觉。肉食动物如果没有自我保护能力和捕食能力，就等于一无是处。一个什么都不会做的人，走到哪里都无法融入，必然会被社会淘汰。草食儿童从小就什么都不做，当然什么都不会做。长大后，他们不仅什么都不会做，也不知道自己该做些什么。将子女养育成"草食动物"的父母就是放纵型父母和过度型父母。他们为子女做了很多事，却把子女逼上了绝路。从结果来看，父母是以爱之名实施虐待。相反，从小就开始做家务的孩子对事情会有明确的概念，看到某件事就会明白自己该做什么，有主导性和自发性。这种孩子无论走到哪里都会受人欢迎。

草食儿童进入大学后会成为人人都忌讳的对象。当代大学生做小组作业的时候最忌讳的就是这种同学。如字面意思，小组作业就是大家各司其职最终汇总得出一份报告。草食儿童只是名义上的组员，他们没有分担任务的想法，还会缺席小组会议。就算参加会议，他们也不参与讨论，心思完全不在。其实，如果实在不知道该怎么参与，可以一直陪在小组成员身边，帮忙做一些复印之类的杂活儿。可草食儿童不仅什么都不做，就连基本的问好都做不到，总是一副傲慢无礼的样子，真的是一无是处。如果小组作业的成绩不错，他们就坐享其成；

如果成绩不理想，他们还会发火。被贴上"草食儿童"标签的学生，没人愿意和他们组队。

青春是懵懂，是开朗，也是冲动，这种冲动正是青春的魅力。正值青春的人有挑战一切的热情，如果一个人没有那份冲动，就不能说他是青春的，他不过是没有灵魂的"僵尸"罢了。

走出"好父母"情结

曾有人说过这样一句话："做父母也需要资格证。"这是针对作为父母，却不具备最基本的照顾他人的能力，个人素养、经济能力堪忧，对他人缺乏基本尊重和关怀的人所说的。这样的父母只能称为生物学意义上的父母。他们实际上是在虐待和放任孩子，他们也无法负起经济上的责任。这句话非但没有被最该听的人听到，反而让已经做得足够好的父母深陷"好父母"情结中。他们的座右铭是：不对孩子大声说话，不反驳孩子说的话，任何时候都要与孩子的视线保持齐平。

我们家的多肉植物由我负责管理，这些多肉植物有别人送的也有自己买的。自从我妻子养死了几盆多肉植物之后，管理人就换成了我。妻子之所以会把它们养死，是因为浇水过于频繁。她每天早上都会准时提着水壶，亲切地给多肉依次浇水，可没到三个月几盆多肉就死了。多肉植物是不能浇太多水的，不同种类的植物对阳光的需求也不同，且通风比阳光更重要。有些植物非常耐寒，却无法在不通风的地方生存。所以，懒惰的人反而更能养好多肉植物，就算他们把浇水这件事忘得一干二净，以至于多肉都有些打蔫儿了也没关系。只要重新给它们浇足水，多肉就会充分吸收水分。

对待孩子的方式应随着孩子成长阶段的变化而有所改变。婴儿期、幼儿期和入学适龄期的养育方式应截然不同才是。如果用对待幼儿期孩子的方式对待入学适龄期的孩子，就等于给多肉浇了太多水。婴儿期时应该给孩子全方位的关爱，但孩子在成长期间也需要经历适当的挫折。如果说关爱是亲子关系的养分，那么挫折就是使孩子的内心变得成熟的养分。只有这样，孩子在成年之后才能理解罗素说的"幸福的必要条件是，明白总有一些东西是你想要却得不到的"这句话的意义，并放下自己的欲望。

我们把关爱和挫折比作车轮，如果关爱的车轮过小而挫折的车轮过大，孩子就会受伤，也就无法去探索世界。相反，如果关爱的车轮过大而挫折的车轮过小，孩子就会软弱无比，也无法去探索世界。孩子已经在上初中或高中的这些父母，就是在关爱的车轮过小而挫折的车轮过大的养育模式中成长的，所以他们费尽心思想要做好父母，结果就是他们的子女得到的关爱过多而经历的挫折过少。在这两种情况下长大的孩子都无法适应社会，只能原地踏步。

英国儿童心理学家、儿童精神分析家唐纳德·温尼科特以同时研究母亲和婴儿而闻名。通常都是妈妈带着有神经症的孩子到医院就诊，温尼科特留心观察，他想知道有精神症的孩子身边都是什么样的妈妈。令人意想不到的是，她们都是"完美的妈妈（perfect mother）"。她们过于追求完美却带来了负面的效果。温尼科特提出解决方案，即"good enough mother"，翻译过来就是"足够好的妈妈"，但我更愿意把它翻译成"普通妈妈"。我想表达的是，比起努力成为好妈妈，做一个普通妈妈反而更好。也就是说，要做个既关爱孩子又能让孩子经历适当挫折，让关爱与挫折的车轮大小一致的妈妈。关爱孩子可以培养他们的自尊心、富足的内心和温暖的人性，而经历挫折会让孩子拥有自我控制力，也就是自我反省能力。

韩国父母的问题在于，因为太想对孩子好，所以把他们当作主人来侍奉。就像每天早上都给多肉浇水，多肉反而会死掉一样，过度关爱只会让孩子"死于"以爱之名的"虐待"。

以爱之名的"虐待"

实施希望教育法，要从父母建立自己的权威开始。在孩子还小的时候，有三件事父母是绝对不能做的，可放纵型父母和过度型父母却偏偏只挑这三件事做。他们表面上是为了孩子好，实际上却是在间接"杀掉"孩子。

第一，对孩子说敬语。父母对孩子使用敬语的理由是，从小就将孩子当作有独立人格的个体对待，并且希望以平和的方式养育孩子。当然，这么做也会让父母看起来很有教养。根据"示范理论"，如果父母从孩子小时候起就对其使用敬语，孩子也会如此尊重他人。从孩子会模仿父母的行为这一点来说，父母确实需要做好榜样。父母可以带孩子参加志愿活动，让孩子学会分享，学会照顾他人，但对孩子使用敬语的做法有待商榷。敬语的使用对象是地位高于自己的人，所以父母不应该对孩子使用敬语。

父母对孩子使用敬语可以教孩子学会何为尊重——韩国演员崔秀钟的经历看似印证了这一观点。据说，崔秀钟和妻子使用敬语，他们对孩子也使用敬语。但是，与其说这是因为家长对孩子使用了敬语，不如说是夫妻之间的态度、尊重、照顾和温暖影响了孩子。也就是说，孩子懂得何为尊重，是因为耳濡目染父母之间和睦的态度，而非父母对其使用了敬语。所以说，父母在坚守权威的同时，也可以通过关爱养育出人格健全的孩子。

我反对父母对孩子使用敬语，相反，我认为孩子在牙牙学语的时候就应该对父母使用敬语。已经结婚生子的成年子女还对父母随意地叫着"爸""妈"，听起来让人觉得不舒服。既然已经成年，就应该尊称父母为"父亲""母亲"。[1]"爸爸妈妈"是身体里的肉，而"父亲母亲"才是核心骨架。

---

[1]　韩语中有敬语和非敬语之分，原文"아빠""엄마"在中文里并没有准确对应的词，暂译为"爸""妈"，是较随意、较亲昵的称呼。"父亲""母亲"在原文中为"아버지""어머니"。通常情况下，韩国人在年幼时会称父母为"爸""妈"，成年或结婚之后则会改口称"父亲""母亲"，以表示对父母的尊敬。——译者注

第二，父母（尤其是妈妈）绝对不要给孩子喂饭。几年前，我曾在幼儿园校车停车场见到过妈妈给孩子喂饭的场景。孩子紧紧地皱着眉拒绝吃饭，妈妈在情急之下对孩子说："吃一口就奖励500元！"这才把饭喂进去。如此一来，孩子到了初高中的时候就会对饭菜万般挑剔，把"这菜难吃死了"这种话挂在嘴边。这种时候父母本该教育孩子，但他们反而深感歉疚，然后去精品超市购买高级食材，重新献上符合孩子口味的饭菜。如果孩子还在成长期就已经把父母当作仆人来指挥，那么他成年后也无法和别人建立关系，因为没有人会接受一个缺乏基本礼仪、毫无人格魅力的人。想在朋友面前做"国王"，谁会承认他，谁又会配合他呢？

孩子上学前不吃饭是他自己的问题，不是父母的问题，让孩子明白必须吃早饭才是父母要做的。在脱离父母的怀抱，走向集体生活（上幼儿园时）的阶段，孩子就应该学会自己吃饭。如果孩子不吃早饭，父母一定要有所反馈，比如当天不再给孩子提供零食，或者禁止孩子在下次吃饭前吃东西，又或者不吃饭就不能玩玩具等。给断奶期的孩子喂饭是正确的，但孩子到了上幼儿园的阶段就完全可以自己吃饭了。学会自己吃饭只是开始，自己洗脸、刷牙、如厕、整理物品、准备物品等事情都是最基本的。只有从小就让孩子自然而然地学会做这些事情，孩子才能真正做到独立。

第三，无论是孩子要完成的任务，还是学校布置的作业，家长都不能代劳。每个人都想成为有能力的、被别人视作珍宝的人。孩子们小的时候常说"我知道这个""我会做那个"，这其实与主导性和自我效能感有关。"无能，无用之人"这类的话往往是最残酷的，因此最令幼儿园孩子感到屈辱的一句话就是："你再这样的话就要给你穿尿不湿了。"

也许父母代替孩子做某事结果会更好，但说到底这也只代表父母的能力而非孩子的能力。这意味着父母默许"为达目的可以说谎"，同时也向孩子确认了这种默许。如此一来，孩子的道德感会受到影响，他们的创造力和好奇心也很难发展，在过于富足和安乐的环境中，很难产生有创意的想法。这也解释了为什么当代的孩子会把"不知道""讨厌""不要""烦死了"等词语挂在嘴边，以及为什么他们总是一副傲慢无礼的样子。丧失了创造性和好奇心，就等于失去了感知幸福的能力。无法感知幸福的孩子长大后会一味地追求快乐。

"直升机父母"和"灯塔父母"

"直升机父母"是指在子女教育这件事上非常狂热的父母。直升机会在事故现场上空盘旋以提供支援，因此"盘旋"在孩子"上空"做各种干涉的父母就被称为"直升机父母"。如今，甚至出现了"无人机父母"这种说法。"无人机父母"对孩子进行持续性的监视，连鸡毛蒜皮的小事也要替孩子做主，给孩子带来长期的负面影响。从这个角度来看，"无人机父母"与"直升机父母"没什么差别。但我们深入思考就会发现，"无人机父母"的行为，其性质比干涉还要严重。他们会使孩子陷入焦虑与抑郁，阻断孩子心理弹性的发展，使其无法承受人生风浪，最终导致孩子成为软弱的、连基本的生存技能都不具备的人。从生理角度来看，这样的孩子是在成长，可他们的心理状态依然停留在婴幼儿时期。

父母应该做孩子的"灯塔"。"灯塔父母"一词来自一位美国儿科医生。灯塔是为航海之船而设立的。当船只遇到风浪失去方向时，以灯塔为基准就可以找到安全归家之路。同样的，当孩子犯错或迷茫时，父母应当帮助孩子重新回到正轨。所谓"灯塔父母"，就是孩子可以充分信任的父母。风浪可以造就优秀的船长，同样的，孩子可以在修正错误的过程中获得成长。失误本身不是问题，孩子在失误中没得到任何教训才是问题。

从这方面来看，韩国父母的过度程度可以说是世界范围内数一数二的。看看中小学生的父母就知道了，每天晚上都有私家车排着队在补习班门口接孩子放学，甚至大学生的父母也是如此。他们为了让参加期中考试的孩子早上多睡一会儿，甚至会跑到图书馆帮孩子占座，因此获得了"图书馆妈妈"的称号。过犹不及，爱也是如此。罗宾·诺伍德 (Robin Norwood) 曾在其作品《爱得太多的女人》(Women who love too much) 中提出过警告：过度的爱意不仅无法让人建立健康的亲密关系，还会导致自己成为爱的奴隶。所以说，过度的爱意并不是真正的爱，而是一种执迷，是一种用绳子将自己与对方牢牢绑住的行为。

推动者 (Enabler)：帮倒忙的人

妈妈是个"推动者"

有一位女性梦想成为孩子们眼中的完美母

亲。她对子女的爱无以复加，是个非常有奉献精神的妈妈。只要孩子们发出求助信号，她就会毫不犹豫地抛开一切冲过去帮忙。但是，成年的儿子被诊断为精神分裂症，女儿也因焦虑症无法出门。仔细一想，她才明白，作为妈妈，在孩子成长的过程中她一直是个"推动者"。

无能的孩子几乎没有抗压能力，不是他们生活的环境压力太大，而是他们自己太弱了，丝毫压力都承受不了。过度型的母亲担心子女被细菌感染，提前将他们放入无菌室养育。进入无菌室的患者不是普通患者，而是免疫力低的患者，普通患者可以住普通病房。母亲这样做使子女无法形成自己的免疫力。这样的孩子遇到事情，只要有一点不方便就受不了，只要有一点不喜欢就什么都不做。即便是王子和公主，也要接受相应的教育，可如今的孩子只想像吉祥物一样待着，什么都懒得做，也不履行任何义务。随着岁月的流逝，他们就会变成孤单的吉祥物。

过度满足孩子的要求

父母应重新找回属于自己的位置，父母和子女应各归其位才是。可旧式心理学和教育学把父母变成了孩子的随从，并将其美化为尊重人权和关爱，且这人权和关爱都是以满足孩子的要求为基准的。满足孩子的要求和人权与关爱是同一个概念吗？只有婴儿期和幼儿期的孩子才需要父母满足其所有的要求。无论如何，这种行为都只能持续到学龄前期。当代父母在孩子学龄期、少年期甚至青年期一直持续着这种行为。从精神分析的角度来看，父母的这种行为是一种被称为"反向形成（recation formation）"的心理防御机制，他们毫无保留地对子女付出爱，这种爱是他们渴望却不曾得到的，于是他们将自己变成了给予爱的主体。

很多育儿书里都提到"无条件的爱"。按照这种说法，我们是无法对孩子进行训育的。训育是"训练"与"教育"的结合。如果军队里一切都如军人所愿，会出现什么情况呢？军人想要休假，不想训练，如果在军队里可以不用做任何训练，那军队可真是天堂了。

但如果发生了战争，从未受过训练的士兵出战就等于白白送死，这就不是尊重人权。军人的人权基于平时接受高强度的训练，出战时获得胜利，一直存活到最后。即使没有战争，经历过军队生活的人重返社会时也可以轻松应对。二战时期带领战火军团的美国将军乔治·史密斯·巴顿（George Smith Patton）有一句名言："一品脱汗水可以挽救一加仑鲜血。"孩子在离开父母独立后能轻松应对人生，这样的教育才是真正尊重人权和有爱的。

下列文字摘自某位牧师在2020年5月分享在社交网站上的内容。

　　星期一早晨，教育馆的垃圾桶里堆满了孩子们在周末礼拜后扔掉的面包。可这是为什么呢？很多面包甚至都没拆封。我打听了一下才知道，原来现在的孩子都很挑剔。面包店里新鲜出炉的热乎乎的芝士面包他们可以吃得很开心，工厂生产的红豆面包他们却瞧不上。我把孩子们扔掉的面包保存到了冰箱里，饿的时候就拿出来吃。

　　我的儿子就职于首尔江南小学，他去忠州市出差，回来后和我讲述了一些见闻。忠州某学校每天都会给孩子发200毫升的牛奶，可很多孩子连喝都不喝就直接扔掉了。我的儿子跟他们说："带回家喝不就行了吗？"他们的回答是："带回家的话会被妈妈训斥的，所以就扔在学校喽。""真是的，他们都不觉得可惜吗？"我痛心到只能苦笑。

从垃圾桶里拿出来的面包又怎么了？虽然它只是一个面团，但里面包含了农民和面包店老板的诚心。这是大自然的祝福，是上帝的恩赐，所以我吃得津津有味。

现在的孩子们连200米、300米的距离都嫌远，教会的车如果不开到家门口，他们就不愿意来做礼拜。哎，该如何是好呢？这样的孩子日后能对韩国教会的未来负责吗？

由此可见，韩国现在陷入了"富足的诅咒"。所谓"富足的诅咒"，即生活富足，却感受不到富足，经常感到匮乏、贫穷和饥饿。孩子对食物变得挑剔、随意扔掉面包的行为固然有问题，父母不让孩子把牛奶带回家也是问题。这样的父母和孩子会有感恩之心吗？越是这样的人，越会对小事兴奋、计较，对一点点损失也会斤斤计较。

过度会使孩子们失去梦想

当代的孩子们既没有梦想，也没有展望，更没有未来可言。他们是没有任何能量的存在，梦想只会在他们的梦中出现。当代孩子失去梦想的原因在于"2万美元的诅咒"。他们的父母一代是在人均GDP未能达到2万美元的情况下长大的，求得生存、脱离贫困、过上好生活是父母一代的梦想，当时整体的社会氛围也是如此。可当人均GDP超过2万美元之后，这些让人感到幸福的条件就没有任何意义了。人均GDP超过2万美元之后出生的一代，从小就过着富足的生活，他们反而感觉不到富足。因为不用为生计发愁，所以他们根本就没有工作的理由。如此下去，他们只能养胖自己的身体，却一无是处。

挨饿能让孩子变成有梦想的人。就算只是为了改善孩子的体质，也应该立即给孩子断食。想要改善体质就要脱掉原来的体质外衣，将餐食改为禅食或素食。有人曾低价收购了乡下养鸡场的废鸡，花了几年的时间将这些鸡重新变为可以生蛋的鸡。他首先将这些鸡饿了三四天，这么做是为了改善鸡的体质。这些鸡长期吃的是混合各种抗生素和农药的饲料，在狭小的空间被人工照明灯照射，还要像机器一样不停地生蛋。这些鸡被饿了三四天后，这个人再用谷物饲料喂它们，并将它们从笼子里放出来，让它们随意活动。这些鸡不仅吃着谷物饲料，还可以自由地刨地，自己抓蚯蚓和虫子吃。过了一段时间后，这些鸡重新长出了羽翼，也比以前肥了一些，又开始生蛋了。

改善精神体质也需要"挨饿"，应丢掉所有过去的生活方式和思维方式，去旅行，去劳动，去做一些不太熟悉的事情，去做一些不方便的事情，四处转转，去看看那些艰苦的人到底过着什么样的生活。父母可以让孩子去参加韩国的"国土巡礼"和"海军陆战队营地"等活动，环境和家里相差越大越好，越不能做"国王"的地方越好。

过度会导致懒惰

几年前，我曾去新西兰北部的汉密尔顿市住过两周。那里有着天堂般的自然景观，景致就和我在《指环王》

及《霍比特人》里看到的一模一样。听说毗邻新西兰的澳大利亚景致也是如此。澳大利亚自然环境虽好，却不适合养蜂。每年的12月至次年的1月是澳大利亚的夏季，但其实天气很凉爽；6月至8月是冬季，但温度和韩国秋天的温度差不多。总之，澳大利亚一年四季都是春暖花开的状态。对于养蜂人来说，遍地花盛开简直是天赐的自然条件，所以欧洲人认为在澳大利亚养蜂会发大财。欧洲人把蜂箱移到澳大利亚的第一年，蜂蜜产量确实比以往多了好几倍，但第二年就出了问题。因为无论什么时候出去都有花，所以蜜蜂不再出去采蜜了。既然随时都有蜜可吃，那自然就没有必要采蜜存储了。

李舜臣[1]将军曾强调"穷则变，变则通"，龟船[2]正是由此而来。朝鲜用12艘龟船击败了330艘日军战船的战役[3]也验证了这一道理。所谓教育，应该是无论多么安全、富足，偶尔也要让孩子感受窘境，知道如何应对。如果不能意识到这一点，让孩子一直安于现状，那他们真是太可怜了。学生时期也是孩子为未来人生做准备的

1　李舜臣：朝鲜王朝中期武臣，朝鲜半岛历史上著名的军事家、民族英雄。——译者注

2　龟船：15—18世纪间朝鲜王朝对日反侵略作战的大型战船。——译者注

3　此处指"鸣梁海战"。——译者注

时期。如果这个时期不能好好做准备，那成年之后必然会成为无能之人。这个阶段的孩子不能只专注于学习，越是参与多样化的课外活动、不断积累才能的孩子，踏上世界舞台后就越是闪耀。可当代的孩子并没有好好准备自己的人生，从未挨过饿的他们被安乐捕兽器咬住，成了懒惰的奴隶。但他们并不承认自己的无能，反而自称是受害者，把受伤挂在嘴边，还一味地埋怨父母。所以，如果父母无法教育出独立的孩子，那么孩子就会像国王一样活着，而父母则会活得像仆人。

儿童节：过度的象征

我认为现代社会应该取消儿童节，应该把父亲节和母亲节定为公共假期。如果国家法律不能改变的话，那么各位家长也可以在家中自行取消儿童节。韩国的儿童节始自1923年，由包括方定焕[1]老师在内的在日韩国留学生团体"色一会"提倡设立，最初是5月1日，1927年变更为5月的第一个星期日。1945年韩国光复后，儿

1　方定焕：韩国儿童文学家，少年运动先驱。——译者注

童节改为5月5日。1961年，韩国《儿童福利法》明确将5月5日定为儿童节。1973年，儿童节被确定为纪念日，1975年后被定为公共假期。

查阅一下百科，我们就会知道，韩国设立儿童节的目的是以1919年3月1日的独立运动为契机，向孩子们宣扬民族精神。可当下儿童节的氛围却截然不同。婴幼儿阶段的孩子是需要儿童节的，但学龄期或者更大的孩子就不再需要了，所以我说孩子到了学龄期就可以取消儿童节了。

2020年的5月5日，我所居住的白云湖附近人群聚集，交通极度拥挤。因为距离白云湖100米的地方有一家大型的玩具折扣卖场，父母和孩子们为了购买儿童节礼物蜂拥而至。父母在儿童节当天给孩子买礼物当然没有问题，但问题在于，父母认为儿童节给孩子买礼物是理所应当的，而孩子认为儿童节收到礼物也是理所应当的。

犹太人每年都会过住棚节。三代人一同住进一个随意搭建的棚屋里，这显然是非常不方便的。粗糙的食物，不便的卫生设施，拥挤的居住空间……各方面都很不方便。但住棚节让全家人都聚在一起，回顾他们的历史。"我们的祖先曾是埃及人的奴隶"这句话会促使他们回望历史，也提醒他们，如果现在不学习，如果现在不清醒，那么未来就注定要为奴。

想独立，先分离

国王、猴子、仆人

"把婴儿期的孩子当作国王去侍奉，把幼儿期的孩子当作猴子去陪他玩，把大孩子当作仆人去使唤。"这是我在给父母们做演讲时发出的呼声。听完这番话，父母们都觉得痛快无比。他们听过无数的演讲，但还是第一次见到像我这样的讲师。不过，关于"当作仆人去使唤"这一点需要注意。这句话听起来可能会有虐待儿童的感觉，但我的意思是，父母应用对待大人的方式去对待已经长大的孩子。站在父母的角度，我用了"使唤"一词，但从大孩子的角度来讲，他们应该自发地去行动，做出与自身能力匹配的行动，这也会带给他们莫大的幸福和喜悦。

发展阶段、生命周期、人生周期、人生的四个阶段、需求层次论、道德发展论、社会发展理论均曾提到任何人在一生中都有必须完成的发展任务。所以，父母应对处于不同发展阶段的孩子实行相应的养育方式和教育之道。但有一点需要注意，我们已知的关于发展阶段的理论已经不适用于当今社会。发展阶段的相关理论形成时间过于久远，让现代人去适应旧的理论多少有些勉强。况且，现代人的寿命越来越长，生命周期也随之变化。高科技发展突飞猛进，这一背景下诞生的孩子是非常早熟的。现在，连幼儿园的孩子都无所不知了，他们和父母顶起嘴来更是让人不知所措，孩子上了小学后，家长甚至都无法应对。

本书将孩子的发展分为三个阶段。

全能者式思考阶段 (婴儿期)

第一个阶段是全能者式思考阶段，这意味着孩子就是全能者 (国王)，义务为0，权利却是100%。这个时期是指从出生持续到正式开始说话的阶段。

根据"客体关系理论"，孩子与养育者在这一阶段早期形成的关系，会对孩子的自我认知产生长远的影响。这一点与"依恋理论"所强调的相同。这一阶段确实是妈妈与孩子形成依恋关系的关键期，切不可忽视。如果在关键期孩子没能和妈妈形成依恋关系，那么长大成人之后就会出现问题。如今，年轻父母为了和孩子形成依恋关系，可谓费尽心思。从这点来看，韩国的父母真的是世界上最棒的。老一辈看到年轻夫妻一起用心育儿的场景也会心生敬佩，尤其是父亲主动参与育儿这一点真的很了不起。当今社会，育儿早已不是女性一方的责任。我们可以看到，在高铁或其他公共场所也设置了男性育儿室。

在这个阶段，孩子是"国王"，而父母是"臣子"。当然，照顾孩子是家长心甘情愿的选择，所以这也是非常幸福的一段时间。这一阶段的孩子属于国王中的"暴君"。通过观看历史剧我们可以发现，臣子有固定的上下朝时间，身体不适的话，国王还会派御医问诊并送去汤药。但是，我们讨论的这位"国王"却不会如此照顾"臣子"，他只会一味地满足自己的需求，所有的愿望都必须及时达成才行，慢一步就会立刻号啕大哭。对于孩子来说，这个阶段可谓"世界尽在我手中"。站在大人的立场上可能难以理解，但对于孩子来说，自己像全能者一般可以随心所欲地行动。因为无论他想做什么，周围的人都会尽力配合。"哭声"这个道具可以帮他实现所有的需求。他只负责哭，至于这哭声是代表该换尿布了还是需要哄抱，是需要喂奶还是需要拍嗝，那是要由照顾孩子的人做出正确判断的。可以说这个时期是人一生中最舒服的时期，当然，还在妈妈肚子里的时候更舒服。心理学之父弗洛伊德曾说过："人类皆有回归母胎的本能。"所以，人越是处于困境或年龄愈发增长，就越是怀念故乡。

这个时期最重要的发展任务就是依恋，母亲和孩子形成怎样的依恋关系，决定了孩子会形成怎样的自我认知。得到母亲的悉心照料、成功地和母亲建立依恋关系的孩子，会形成健全的自我认知。未得到悉心照料、时而还会受到虐待的孩子，会形成非常负面的自我认知。在韩国，相比父亲，孩子和母亲之间的关系更为牢固。因为母亲是孩子的主要养育者，孩子在此过程中和母亲形成了依恋关系。我小的时候正是人人都为生计奔波的时期，根本没有和父亲形成依恋关系的条件。况且，就算父亲有闲暇，在父权制文化支配的时期，男性也不会表露自己的爱意。

如今情况却正相反。孩子受伤了或是感到害怕时，会先去找爸爸。此时爸爸是非常好的客体。"关键期"一词来自对依恋理论或客体关系心理学起到先驱作用的"印刻效应"。"印刻效应"由因《所罗门王的指环》(*King Solomon's Ring*) 一书闻名并获得诺贝尔奖的奥地利动物学家康拉德·劳伦茨 (Konrad Lorenz) 提出。动物幼崽在关键期时会通过妈妈学习或熟习某种行为习性。该理论强调关键期一定要针对特殊的发展任务进行及时的教育。电影《伴你高飞》(*Fly Away Home*) 正是以"印刻效应"为理论基础创作的。主人公从湖边捡回一窝大雁蛋，她做了一个孵化箱并时刻观察大雁蛋孵化的过程。因为主人公是小雁出生后见到的第一个主体，所以它们将主人公印刻为自己的母亲。虽然影片中出现了小雁和人类在一起的场景，但小雁最终还是需要飞向远方的。主人公的爸爸制作了一架轻型飞机，让主人公带着小雁们学习飞翔。正如小雁有关键期，人类也是如此。如果错过了关键期，发展任务就无法完成。这一点也正是依恋理论和客体关系心理学所强调的。

魔术式思考阶段 (幼儿期)

第二个阶段是魔术式思考阶段，孩子的权利和义务均为50%。在这个时期，家长应该开始让孩子做他们力所能及的事情了。这个阶段对应的是幼儿期，不晚于小学低年级阶段。由于当代的孩子过于早熟，因此很多孩子在刚升入小学时就已经让父母觉得很难应对了。所以说，学龄期的孩子，其实应该对应到第三个阶段——抽象思考阶段。

魔术式思考阶段的发展任务是亲密感。为了和孩子建立亲密感，父母在这一时期应像对待猴子一样，多陪孩子玩耍。父母应该与孩子保持同一视线，做孩子的朋友。处于这一阶段的孩子，会认为自己是世界的中心。这时，父母应该满足孩子的需求。所以我曾建议进入学龄前期的孩子如果出现问题，父母二人中的其中一人可以尝试与孩子单独相处。这样做的效果非常好，因为所有的孩子都有想独自占有父亲或者母亲的欲望，只要满足这个欲望，孩子就会得到充分的精神支持。

在魔术式思考阶段，孩子会认为自己处于一个"我想要的都可以实现"的魔法世界，就像拥有魔法咒语或是美少女战士的魔法棒一般。这个时期的孩子，无一不是家里的宝贝，无一不是家里的王子和公主。孩子们当然会觉得每一天都是刺激又幸福的。这时期的孩子需要圣诞老人、精灵，还有天使。但如果父母在这一时期过度以孩子为中心，则会引发问题。孩子在游乐场里乘坐旋转木马、挥手微笑的模样，象征着这一时期的幸福。电影里通常会为这一幕配上烟雾，打造出梦幻般的氛围。有一段时期，旋转木马成了电视剧和电影中的常见元素，孩子们乘坐过山车时一边狂笑，一边惊呼，甚至忙乱挥手的场景也很常见。

对于小学高年级的孩子来说，情况就不同了。我的儿子到了小学高年级的时候，我曾提议一起去游乐场玩，本以为他们会高兴地即刻欢呼"太棒了"，谁知道他们的表情却有些冷淡。我问他们是不是讨厌游乐场，他们说并不是。"既然不讨厌为何会摆出那副表情呢？"孩子们抿了抿嘴回答道："可以把去游乐场的交通费和餐费，还有玩项目的费用给我们吗？"对于这个时期的孩子来说，游乐场已经不再是一个想和父母一起去的地方，而是想和朋友们一起去的地方。小学高年级的学生更关注同龄人。虽然小的时候他们都是和父母一起去游乐场，但现在，玩什么项目他们已经可以自己做主了。再说，如果和妈妈一起去，妈妈能玩的项目只有几个，所以孩子当然不会想和父母一起去。我的妻子曾经因玩海盗船被折磨得死去活来，从那以后，哪怕是在电视节目或电影里看见海盗船的场景，她都会觉得头晕想吐。

　　因孩子的问题辗转了很多心理咨询中心，最后找到我的父母中，对我的建议感到震惊的不在少数。因为一般的心理咨询中心或者青少年团体都会告诉父母"满足孩子的要求"，而我会告诉他们"按照父母的意愿去引导孩子吧"。来咨询室的父母都和我反映：明明父母已经满足了孩子的要求，可问题却更严重了。孩子的权利越来越大，而父母的地位却越来越卑微。心理咨询师说问题出在父母身上，孩子就更觉得自己的行为是正当的了。还有一个孩子甚至用咨询师的话来攻击父母："看吧，连咨询师都说了，问题在于你们！"父母听到这句话也是哑口无言。

　　对处于魔术式思考阶段的孩子来说，"满足孩子的要求"不失为一种行之有效的方法，可这方法对大孩子并不适用。在"匮乏"时代行得通的理论并不适用于"过度"的时代。孩子越小，越应该以孩子为中心；反之，则应以父母为中心。韩国父母的问题在于，他们将对待婴幼儿的那套方法，照搬到学龄期或年龄更大的孩子身上，这么做是在白白浪费精力，孩子也只会受到名为关爱的"虐待"。也正是这样的行为让孩子变成了"国王",让父母沦为了"仆人"。

抽象思考阶段 (学龄期)

第三个阶段是抽象思考阶段。这一阶段的孩子应主动去配合父母的视线,父母不应再像仆人或朋友一样俯身配合孩子,双方都应回到各自的位置才是。这一时期,孩子的权利和义务比重均为100%。值得注意的是,孩子应该先做到百分之百地履行义务,才能百分之百地享受权利,如果不能先履行义务则无法理所当然地享受权利。这个阶段的孩子,不仅要扮演好自己在家庭内部的角色,同时也要完成个体发展的任务,为未来人生做准备。

从这一时期开始,父母应将孩子当作大人,孩子需要在这一时期重生。将孩子抱在怀里养育是孩子的首次诞生,对孩子进行独立生活的教育,使其可以脱离妈妈的怀抱,则是孩子的二次诞生。一个独立的个体应该具备抽象思考的能力。要做到抽象思考,首先需要进行深度思考。深度思考的前提是多读书多探讨,这是一个日积月累的过程。另外,从生理角度来看,处于这一时期的孩子已经不小了。如今，很多女孩到了小学高年级的时候就会月经来潮，这代表她们的性器官已经成熟，身体已经是可受孕的状态。但是，在韩国，一直以来人们都将未满19岁的、处于人生准备阶段的孩子视为未成年人。也就是说，此时的孩子在生理上已经是成年人，但在社会意义上还未成年。

让孩子进入抽象思考阶段，首先要改变的就是生日文化。过生日这件事最晚也要在孩子入小学时做出改变。在第一阶段和第二阶段，父母可以像对待公主和王子一样对待孩子，比如给他开生日会、买礼物，让孩子觉得自己是世界上最棒的人。但到了第三阶段，孩子应该在过生日的那天感谢父母。因为生日不仅仅是接受祝福的日子，还应是感谢父母给予我们生命的日子。获得生命的孩子当然应该感谢给予自己生命的父母，孩子应该给父母买个小礼物，或者至少写封信感谢父母。

我和妻子过生日的时候就是这么做的，长辈们都觉得很感动。生日当天的早晨我们会打开免提和父母通话："父亲母亲，感谢你们生下了我。""丈母娘，感谢您生下这么漂亮的女儿，我都是托您的福才会过上今天这样的好日子。"这么一来，孩子们也会在他们过生日的时候写信感谢我和妻子。

既然提到过生日这件事，我也有必要提一下"祝贺你生日快乐"[1]这句话的不当之处。我认为生日值得"祝福"，而非"祝贺"。"贺"字通常用于大型庆典或者完成某件事庆祝的时候。我们都在历史剧中听过"为您献上贺礼""为您庆贺"等说法，可在生日这件事上，付出辛劳的是父母，而不是孩子，所以当然不应该"祝贺"孩子生日快乐。结婚也是一样的，如果两个人是在极为艰难的情况下结为夫妇的，那也许还可以用"祝贺"一词。实际上，对结婚的人也应该用"祝福"一词。毕业这件事则是值得祝贺的，因为只有完成了各个科目的考核才能毕业。

父母的教育应该配合子女的发展阶段。如果孩子没能按部就班地完成发展任务，到了一定年龄就会被别人指责白活了一场，他也无法承担起成年人的责任。想让自己的孩子出人头地、享受幸福人生，就一定要把孩子培养成有抽象思考能力的人。无论孩子听与不听，父母都要做到自己该做的。日积月累地训练孩子进行抽象思

1　韩语中用"祝贺"一词。——译者注

考，就一定会有效果。

独立的两个技能：自我保护与狩猎

如今，患上精神分裂症的孩子越来越多。我对这一现象做了一番思考。虽然病因和症状都有临床的定义，但在我看来，孩子们患这种病，是因为他们连自己的事都做不好。这些孩子被受害者综合征、强迫公平的想法困扰而无法自拔，他们缺乏思考能力，听不进别人的话也不想听。也就是说，这种精神分裂症是由思想固化导致的。孩子只一味追求安乐却没有掌握任何技能，与"磨难"正面交锋时根本无力招架，最后只能落荒而逃。对此，我觉得非常惋惜，明明是可以做高级陶瓷的材料，最后却只能用来做最普通的瓷碗。

独立的第一项技能：自我保护。孩子有需要被父母保护的时期，也有需要自我保护的时期。想要做到独立，就要学会自我保护。不同的动物有不同的自我保护技能。狐獴会将自己伪装成像狮子或老虎一样爪牙锋利的捕食者，站立时永远处于警惕状态，哪怕感知到些许危险，它们也会马上跑回洞内。有些动物会利用颜色来伪装自己，还有些动物，像穿山甲、乌龟、刺猬等见到敌人时会蜷缩起来，利用坚硬的外壳或尖锐的刺来保护自己。除此之外，还有通过散发异味来保护自己的动物。总之，动物们都有自我保护的方式。人类也是如此，要懂得保护自己才不会被"吃掉"。无论是被别人瞧不起，还是对自我进行审判，其实都是伤害自身的行为。

独立的第二项技能：狩猎。对于离开妈妈独立生活的动物来说，狩猎是必需的技能。猫科动物对于不同时期的幼崽会有不同的喂食方式，它们会把肉撕成小块喂给刚刚断奶的幼崽；等幼崽稍微大一点之后，它们会直接把老鼠、兔子或小羚羊之类的活物扔过去。猫科幼崽第一次看到活生生的食物不会轻易扑上去，它们会慢慢靠近，用爪子碰触试探，随后它们会尝试抓住想要逃跑的食物，克服恐惧，腾跃起来扑向食物，它们开始了解猎物的特征。这期间它们的反射神经和肌肉得到训练，变得发达，狩猎能力也会增强。到了独立时期，幼崽就要一同参与狩猎，多做实战练习。让孩子从小就开始做家务，和动物教幼崽狩猎是一个道理。

处于独立期的孩子本该拥有自我保护技能和狩猎技能，却因为受到过度保护和以孩子为中心的教育方式而没能掌握，这是当代孩子普遍存在的问题。如此一来，孩子对社会充满了恐惧，无法适应社会，最终只能在家里做"国王"，变得越来越懒惰。孩子从小就没有自主地做过任何事，长大后就会啃老，而到那时，父母已经束手无策，只能一直服侍孩子，直到自己离世。

把牛排换成书

孩子们涂唇膏的方式都极为一致

我们在大街上可以看到，现在的中小学生，尤其是女学生，无论是长相、发型，还是衣着风格，全都极为相似。冬天的早晨，成群结队走进校园的学生看起来就像一群企鹅。所有人都穿着黑色的长羽绒服，连唇膏都是统一的红色。孩子们的谈话内容也大同小异，脏话都是最基本的，脏话中还夹杂着各种冷嘲热讽，还有学生之间的暗语，甚至连玩手机的样子都一模一样。孩子们是如此的统一化，所以才会像机器人一样无法感知到幸福。幸福多存在于看不见的地方。我们肉眼可见的物质世界虽然也会对幸福有一定的影响，但当我们解决了最基本的生存需求后，物质对幸福就没有那么大的影响力了。可当代饲养式的教育把孩子变成了一味追求物质享受、毫无精神追求的人，孩子们既没有自己的想法，也不懂得思考和倾听。他们执着于容貌，拼命维持好身材。首尔地铁狎鸥亭站，从站内开始就全都是整形医院的广告，出站后大街上整形医院鳞次栉比，整形广告随处可见。我不觉得那些整形模特美丽，反而有种厌恶感，因为他们就像工厂流水线的产品。在我看来，整形广告模特和科幻电影里的克隆人没什么两样。

　　已有许多贤者指出"人类绝不是吃饱饭就会满足的动物"，可这世界却不停地给人洗脑——"吃饱饭就够了"。韩国的电视节目很多都是和吃有关的，要么吃要么玩，观众就喜欢看这两件事。这是典型的被饲养大的、只知道追求快乐的人的表现。被饲养大的父母一代，对于这个环境竟毫无异议，他们反而会因此而安心。他们只会担心"孩子学习成绩不好该怎么办""孩子被别人甩在后面怎么办"，并因此陷入焦虑。有三种专门利用这份焦虑来敲诈勒索的职业：算命师、伪宗教和补习班。世界上存在学校之外的补习班，甚至补习班教的还是学校里的内容，这简直是悲剧中的悲剧。本来学校应该充分完成其教学任务，而补习班应该教一些学校里学不到的内容，可事实上补习班不过是学校的延长线，学生在补习班里只能没日没夜地学习，不能休息，也没有节假日。关键是，在我看来学生学到的内容在高中毕业后就毫无用处了，对此我深感惋惜。

把牛排换成书

牛排是家庭式餐厅的人气单品。让孩子们吃到可口的食物是父母非常看重的事，但犹太人却"用买衣服的钱来买书"。读书可以避免精神上的营养失调和精神上的饥荒。精神世界富足、有教养的人，无论何时何地，无论面对的人是谁，都会是表现卓越、不可或缺的存在。这样的人有自我效能感，也能体会生活的滋味。所以，让孩子养成读书的习惯，才是父母送给孩子最好的礼物。

我在给广大家长做希望教育指导时，曾建议他们开家庭会议，但家庭会议未免有些生硬，所以改成了家庭读书会，我建议他们将这一活动作为一种家庭文化坚持下去。那时候我推荐的书是汤姆·巴特勒·鲍登（Tom

Butler-Bowdon) 的"个人发展三部曲"系列，这个系列的每本书有50个章节，每个章节有2~3页，一家人共同阅读也不会有负担。

如果是小学高年级的孩子，我会推荐李元福的漫画"神的国家，人类国家"系列。该系列分为"哲学""神话""宗教"3个主题。因为是漫画，所以孩子也可以轻松阅读。我建议家庭成员可以在读书会时共读其中的某一章节，然后大家针对该章节的内容展开讨论。少吃一块牛排，用买牛排的钱给家人各买一本书，和家人一起讨论书中的内容，这也是培养孩子阅读、概括、表达、讨论、整理自己思路和听取他人意见等综合能力的过程。这样做的家庭，既形成了读书的家庭文化，又使孩子养成了读书的习惯，可谓一举两得。

在匮乏而非富足的环境下立志

美国加利福尼亚州有三个关于树的记录：世界上最大的树——美洲杉，世界上最高的树——红杉，世界上最古老的树——狐尾松。亚利桑那州立大学学者艾德蒙·舒尔曼 (Edmond Schulman) 于1939~1955年对一片特殊森林中的树木进行了研究。他发现，生于海拔3000米以上高原地带的狐尾松很多都非常古老，其中有一棵狐尾松有4800年以上的树龄。舒尔曼博士以《圣经·创世记》中记载的969岁的玛土撒拉的名字命名了这棵最古老的树。狐尾松的成长环境极其恶劣——寒冷的天气，凛冽的狂风，极低的降水量。可即便是在这样的环境中，狐尾松也依然长成了最坚韧的大树。如果环境不是如此恶劣，狐尾松可能也不会如此坚强。

医学院的学生朴真容曾参加KBS电视节目《100场演讲》，以"我可以每天学习6个小时"为主题发表了演讲，其演讲内容如下。

其实准备过程真的很辛苦，我也曾数百次想过要放弃。但我想证明给世人看，即使是我这样的人也可以成功。每当想到这一点，我就会更努力。如果上帝真的存在，我坚信他会帮助活得如此努力的我。就这样努力了3年，我终于考上了医学院。得知自己被录取后，我第一时间告诉了奶奶，她甚是欣慰。比被录取更让我觉得幸福的是，那些与我情况相同的朋友，从我的故事中得到了力量。当然，未来还有更多的难关在等着我，但我一直都很感谢这些困境。无论是寒冬腊月里把奶奶送到老年活动区，还是用发胀的大米填饱肚子，所有的苦难对我来说都是宝贵的财富，正是这些苦难成就了今天的我。即使以后要面对比这还要艰难的事情，我也有战胜它的信心。迄今为止，我都没有向苦难低过头，未来也会如此。对于那些和我一样面临绝境的朋友，我会成为他们的力量。这世上还有很多像我奶奶一样生活极为艰难的人，我会成为一名帮助这类群体的帅气的医生。

面对孩子的思春期[1]，父母应欢欣鼓舞

没经历过思春期的大儿子

L先生的大儿子是著名酒店的主厨，他说自己的大儿子从来没经历过思春期。这孩子从小学

---

1 即青春期。——编者著

一年级开始就宣称自己长大后要成为一名厨师，从那之后他就开始到厨房帮妈妈干活儿。他直接包揽了买菜、切菜、洗碗的任务。无论什么事，他都想亲自尝试一下，只要一有空就会阅读料理类的书籍。这孩子在小学五年级时就亲自准备妈妈的生日宴，还邀请了妈妈的朋友们。朋友们都非常羡慕妈妈，因为这孩子不仅会做海带汤，而且手艺已经赶超了一般的家庭主妇。后来，他就读料理职业高中，没考大学，毕业后选择了直接就业。虽然孩子的妈妈认为他没经历过思春期，可实际上这孩子却实实在在地走过了自己的思春期。如果孩子明确了自己的人生方向，就没有理由叛逆。自我认知足够明确的孩子是不会出现逆反行为的。孩子对于自我的认知越明确，心理成熟度就会越高，就算与父母意见不合，也会通过协商的方式来化解冲突。

韩国的父母会以思春期的名义，不假思索地给子女发一道免罪符。有人称思春期是"疾风骤雨期"或"反抗期"，这些说法中总是有一种"孩子成长过程中必定会出现极端时期"的意味。孩子在不知不觉间长大了，他们顶撞父母，做出各种自私行为，固执无比。父母将这一现象归因于思春期，并给予包容。无论如何，父母认为思春期就像夏末或初秋时分突然来袭的台风，只希望它可以赶快过去。可实际上，思春期既不是理所当然的现象，也不该成为免罪符。孩子如果到了思春期，就意味着已经可以独立了，父母应该欢欣鼓舞才是。每个人都会经历思春期，我们无须为它担心苦恼，因为这是人生必经之路。

让我们来研究一下"思春期"这三个字。思考的"思"，春天的"春"，期限的"期"，即思考春天的时期，由此也可以创造出"思夏期""思秋期""思冬期"等词语。心理学或教育学中，将这样的人生四季称为人生发展周期/终生发展周期。每个阶段都有要完成的任务，那么思春期的任务到底是什么呢？顾名思义，思春期就是思考春天的时期。展开来说，思春期就是孩子进行自我探究的时期，是他们进行性别认同的时期，是他们思考自己为何存在、为了做什么才来到这个世界、喜欢什么、讨厌什么等问题的时期，是通过"我是谁"这个根本性问题去确立自我认同感的时期。

我来举例说明一下"逆反"的概念。父母根据孩子从小就展现出来的特性，为孩子制定了方向A，并朝着该方向培养孩子。但当孩子成长到思春期时却开始被B吸引，也就是说，父母期望的是A，而孩子想要的是B。"我想去B方向，不想去A方向"，所有和A方向相关的事情孩子一概不做，只做和B方向相关的事情，这就可以称为"逆反"。很多电视剧都会有这样的剧情安排，企业老板将儿子作为继承人来培养，可儿子一心只想做音乐，所以他不断违背父亲的意愿，去追求自由。孩子的这种行为对于父亲来说是逆反，可对于他们自己来说是找到了自己喜欢的方向。但是，现在的孩子既不做A也不选B，一直待在原地无所事事，还无条件地反抗父母。也就是说，孩子们享受着100%的权利，却不履行任何义务。这并不是思春期的特征，而是没教养的表现。如果孩子一直原地踏步，什么都不做，最终只会变成一无是处的无能之人。有朝一日，当他们幡然醒悟并打算进入社会时，就会意识到自己竟是如此无能，那时他们会深感挫败。

可如果孩子真的出现上述逆反行为，父母应该感到高兴。虽然父母期望孩子向A方向发展，但如果孩子在思春期时决定转向B方向的话，那么父母应该给予认可并全力支持。虽然父母一直认为A是孩子应努力的方向，可如果孩子自行找到了想要努力的方向，父母应该欢欣鼓舞才是。

思春期时的发展任务是培养孩子的意志力，让他们即使面对自己不喜欢的事也能坚持去做。无论是学业还是其他方面的事情，如果一个孩子可以做到这一点，那么他在任何领域都可以绽放光彩，在任何时候都能生存下来。我希望各位家长铭记，如果你们被"满足孩子的要求"这一理论洗脑，遵循这一方针实施"讨厌做的事情可以不做"的教育，那么孩子只会一无是处。

从事果园种植的人，在确定土地的状态后会花一段时间来思考该种什么水果。思春期恰好就是这个思考的阶段。是种苹果、水蜜桃，还是葡萄，果农要考虑清楚，才能有下一步的行动。如果决定种葡萄，就要准备好T字形支架，以便藤蔓伸展。如果决定种其他水果，也应该按照水果的特征布置果园。也就是说，思春期是个体发展必经的阶段。再说，无论种植哪种水果，果园都应做好基础设施管理。比如，要确认供水和排水装置以及喷洒农药的装置。实施"讨厌做的事情可以不做"的教育，就等于果园没做好基础设施管理，这种情况下，期待果园丰收是痴心妄想。

父母应该为孩子进入思春期欢欣鼓舞，因为子女正是通过思春期发现自己人生的使命。明确知道自己人生使命的人是幸福的。瑞士的思想家兼法学家卡尔·希尔蒂（Carl Hilty）在其著作《幸福论》（*Happiness: Essays on the Meaning of Life*）中提到"人生中最幸福的时刻，就是发现自己的使命时"。哲学家索伦·克尔凯郭尔（Soren Kierkegaard）也曾说过："寻找一个我愿意为它而活、为它而死的信念。"可见，因思春期给孩子逆反行为发免罪符的行为是毫无依据的。这不仅不是免罪符，反而还证明了孩子有多不懂事、多浅薄、多无礼。所以，父母现在要撤回对思春期孩子的免罪符了。

要求孩子做一万件事

美国和欧洲的各个国家，都因成了小皇帝的孩子们苦恼万分。这些国家提出的对策是让孩子从小开始做家务。做家务是非常重要的事，这种经验使孩子具备了迈入社会的基本能力。可是为什么父母们从不要求孩子做家务呢？

孩子们吵得像仇人一样

一位二胎妈妈曾向我咨询，她的两个女儿只相差1岁，可两人却像仇人一样，姐姐不做让步，妹妹毫无礼貌。两个孩子还没上小学就已经吵得不可开交，妈妈很担心，不知道她们长大后该怎么办。她并不相信什么前生今世，可看到两个孩子吵架的样子，不禁会想，这两个人前世是不是有什么不共戴天之仇。

小女儿的问题在于父母对她过于尊重。父母过度以小女儿为中心，导致孩子被禁锢在名为自我的牢笼里，变成了一个不懂得尊重和照顾他人的人。不仅如此，她还沦为受害者综合征的奴隶，一直认为自己很委屈。

我向这位妈妈提议，可以用要求孩子做家务的方式来解决问题。让两个孩子做一些简单的事，重点在于让孩子们做一些为全家人付出的事情。一开始让孩子帮忙跑腿的时候孩子可能会反问"为什么妈妈只让我做？"，这种时候妈妈可以回答："让谁做是妈妈的事情。"

　　某天晚上，这位妈妈打算做手工面片汤，并让两个孩子一起参与。妈妈并没有强迫两个孩子，而是想办法吸引她们。妈妈负责准备底料和面团。面团一共有3份，妈妈做了一些普通的白色面片，大女儿用韭菜磨成的汁水与面团混合，做了一些绿色的面片，小女儿用胡萝卜磨成的汁水与面团混合，做了橙色的面片。孩子们用饼干模具做出了星形、半月形、三角形、四边形和圆形的面片，她们玩得非常开心。母女三人一边做面片，一边分享趣事。孩子们还会拿着自己的"作品"向妈妈炫耀："妈妈，这是我做的。"一家人一起吃饭时，父母也会给孩子积极的反馈："今天的面片汤格外好吃"，或者"我说今天的面片怎么这么漂亮呢"。孩子们表示下次还想参与："妈妈，下次做面片汤也一定要叫我。""下次我们也一起做饭吧！"孩子们通过做面片获得了成就感，也通过为家人做饭感受到了幸福。自从两个孩子协力完成同一件事情之后，吵架的次数也明显减少了。

要求孩子做家务，可以激发孩子的好奇心和主导性

依据埃里克·埃里克森 (Eric Erickson) 的人生发展八大阶段理论，孩子处于魔术式思考阶段时，父母要求其做家务是正确的。学龄期孩子的发展任务是"主导性和负罪感"。我们都见过这样的场景，妈妈在厨房做饭，或者爸爸在做什么事，孩子会说："妈妈/爸爸，我也要做。"孩子会帮妈妈准备食材，或者帮爸爸递一下工具。虽然父母通常会以"你什么都不做就等于帮忙了"为由婉拒，但站在孩子的角度来看，这确实是在帮忙。这种时候，就算有些麻烦，父母也应该让孩子参与其中。这样才能激发孩子的主导性，让孩子觉得自己是个有用的人。

如果父母以"为孩子的安全着想""反正你也帮不上什么忙"等现实的理由拒绝孩子，只会让孩子觉得自己一无是处，还会因此自责，等孩子成为青少年或成年人时可能会产生"我不想活了"的想法。这是因为孩子从心底里感受不到自我价值，他们从小就被剥夺了可以发挥自我主导性的机会。孩子什么事也没尝试过，什么也不会做，不知道该做什么，他们无法发挥主导性，也就

无法体验获得成就的感觉。缺失了这种体验，他们自然会对万事万物丧失好奇心。人类在获得成就感时会产生自我效能感，进而想把事情做得更好。要求孩子从小做家务，其实是在给孩子提供获得成就感的机会，什么都不让孩子做反而剥夺了这样的机会。激发孩子的好奇心和主导性，才是父母给孩子一生最好的礼物。孩子入学后，父母最大的心愿就是孩子可以"自觉学习"。自觉学习的源动力就是好奇心和主导性。有好奇心，孩子才会觉得学习有趣。当学习成为一件有趣的事情，主导性才会更强。人生在世，只要一直保有好奇心和主导性，那么无论何时何地他都会很幸福。对生活充满好奇、不断满足自己好奇心的人，是不会对生活感到厌倦的。

通过做家务学习何为错误

我建议父母要求孩子做家务，还有另一个理由，就是孩子会在做家务的过程中学会"承认错误"。幼儿期的孩子以自我为中心，不会承认错误。尤其是7岁之前的孩子，他们对"错误"和"负罪感"是没有概念的。

所以，当孩子犯了错，父母在一旁问"你做得对不对"时，孩子通常是一脸茫然。有的孩子会说"我做错了"，但那只是为了不挨骂，并不等于他真的在为自己的错误行为忏悔。因为孩子们早已明白，只有说"我错了"才能从这场责备中脱身。所以，当孩子犯错时，无论他能否听得进去，无论再怎么着急，父母都应该耐心地给孩子解释一下做错的原因。

在美国，有一个三四岁的孩子，他在看《蓝精灵》的时候吃零食，结果打翻了饮料杯，饮料洒了一地。看到地上一片狼藉，妈妈生气地问："这是谁干的？"孩子指着电视说："是蓝精灵干的！""蓝精灵的谎言"这一说法由此而来，用来形容幼儿不能承认自己的错误这一特征。孩子对"错误"没有概念，又混淆了现实与动画片里的虚拟世界，所以才会认为弄洒饮料的是眼前的蓝精灵。如果妈妈不了解孩子在这个阶段的特征，大概会这样说："乳臭未干的臭小子，别的还没学会就先学会撒谎了！"有时还会牵连爸爸，"跟你爸一个德性……"

如果父母要求孩子从小就做家务，孩子会在此过程中学到何为负责。孩子对所有的事情都很生疏，在尝试的过程中必然会犯错，这时父母应该耐心地引导他们把自己做错的事负责到底。如果孩子打碎了东西，就让孩子自己去收拾碎片，不要指责孩子，而是向他们解释为什么这种行为是错误的。孩子在认知层面并不一定明白，但是通过父母解释理由的氛围可以感觉到自己犯了错误。这样的解释也能让孩子明白，有问题的是"行为"和"事件"，而非"自己"。如果孩子把错误归因到自己身上，就会形成"坏自我（bad self）"，变成低自尊的人。

做家务可以保障孩子的成功和幸福

关于为何要求孩子从小做家务，韩国新闻网站T-Times做出了说明。

2015年统计数据显示，美国1001名成人男女中，只有28%的父母会要求孩子做家务。在韩国，可能只有2.8%的父母会要求孩子做家务吧。神奇的是，在韩国，就算孩子已经长大了，父母也不会要求他们做什么。发展心理学家理查德·兰德（Richard Land）曾在2015年3月13日的《华尔街日报》中表示：

"当代父母都希望孩子把时间花在对出人头

地有帮助的事情上，比如读书或学习。可讽刺的是，真正会使孩子走向成功之路的事情父母却从来都不做要求，那就是做家务。"

如果孩子从小就开始做家务，那么他会在为他人奉献的过程中学到提供帮助的重要性，获得成就感、责任感以及自立之心。从适应社会的角度来看，只有一件事可以造就成熟之人，那就是人性教育，而人性教育的起始点正是要求孩子做家务。

明尼苏达大学的名誉教授马蒂·卢思曼（Marty Rossmann）曾做过一场实验。他曾追踪84名孩子的成长，从幼儿期到10岁，再从15岁到20多岁。实验结果表明，比起从未做过家务的孩子或10多岁才勉强开始做家务的孩子，从幼儿期就开始帮父母做家务的孩子，到了20多岁时，其家庭关系明显更为和谐，自立之心会更强，人生也会更成功。哈佛大学医学院教授乔治·维兰特（George Vaillant）也曾做过类似的实验。他曾对456名学生进行了长达几十年的追踪，从他们14岁一直追踪到47岁。追踪结果显示，从小就帮父母做家务的孩子，长大后会比不做家务的孩子获得更高的评价。人到中年时，其家庭也会更美满，幸福指数会更高。

要求孩子做家务的五大原则

有很多家长来问我，该如何要求孩子做家务，具体操作方法都有哪些。下面是父母在要求孩子做家务时应当坚持的五大原则。

第一，父母应称赞孩子的行为而不是孩子本身。以孩子为中心、过度尊重孩子的心理学主张称赞孩子而非行为。像"你能帮忙跑腿，可真是个好孩子"这类的称赞，只适用于没有充分形成自尊、不承认自身价值、行动迟缓或执行力不足的孩子，普通的孩子不需要这样的称赞。孩子帮忙跑腿时，父母可以这样说："帮忙跑腿这件事你做得非常好。"

第二，不要用奖励零用钱的方式要求孩子做家务。有些父母会用奖励零用钱的方式要求孩子做家务，这是绝对不可以的。一旦开始奖励零用钱，做家务就成了有偿劳动性质，之后再想让孩子帮忙，孩子就会伸手说："那给我5元！"做家务是所有家庭成员的共同责任，是本就应该做的事，是彼此付出的利他行为，有助于培养孩子的自我效能感。如果奖励零用钱的话，孩子的自我效能感就会消失。

第三，要求孩子做一些为整个家庭奉献的事。不要只要求孩子打扫自己的房间，还要让他打扫客厅、整理公共区域、洗碗等，做些有利于整个家庭的事情，而且绝对不能因为孩子打扫了自己的房间就奖励零用钱。孩子拥有自己的房间是在享受权利，与此同时，他必须履行义务、承担责任。打扫和整理自己的房间是最基本的事情。所以，父母替孩子打扫房间和奖励零用钱让孩子打扫自己房间的行为都要杜绝。

第四，偶尔也要对孩子下命令。以往的心理学主张，身为父母应以身作则。从示范理论的角度来看，这个观点有一定的合理性。但对此我只做推荐，不做强求。我认为父母应该适当地命令孩子，让孩子明白父母有下命令的权力。父母在下命令时，孩子则会学习何为顺从。父母当然可以先说明理由再要求孩子做事，也可以先让孩子做事再说明理由，孩子应该从这个过程中学会顺从。

所谓顺从，就是欣然接受自己的选择权被剥夺。

　　第五，在做家务这件事上绝对不能让步。全家人一起大扫除时，如果孩子说"我明天还有考试……"，那父母绝对不能说"明天有考试？那你赶快回房间学习吧，剩下的我们来做"，而是要说"明天有考试？那我们就加快速度，然后你就可以回房间学习了"，绝对不能因为孩子的个人问题、作业或与学习相关的事而让步。如果父母在这种时候做了让步，孩子就有可能会形成偏见，认为"个人取得好成绩是最主要的，团队的事情都是次要的"，从而养成把自己的分内之事都推给别人的坏习惯。斯坦福大学心理学教授玛德琳·莱文（Madeline G. Levine）曾在2015年的《华尔街日报》上郑重警告过："虽然在当下是件小事，可小事源源不断地累积最终会导致孩子变成信奉绩效主义的、自私的人。"

重新审视教育的问题

1990年前，匮乏心理学；1990年后，过度心理学

　　1990年是韩国子女教育模式的分界点。1990年前遵

循的是"匮乏"模式的教育，1990年后遵循的则是"过度"模式的教育。千禧一代的孩子，他们的父母大部分都是20世纪六七十年代出生的人，仍在使用1990年前"匮乏"模式的教育。这代人都接受过基本的素质教育，所以在依恋关系和亲密感方面通常做得不错。这代人也是开放又民主的一代，他们能为子女提供经济上的支持，和子女保持着良好的亲子关系。他们不像上一代父母那样既贫穷又无知。

从这一点来看，当代孩子的问题不能简单地用"问题父母—问题子女"的范式来解释。"好父母—问题子女"的组合反而会引起更大的问题。我在做心理咨询的过程中发现，因"问题父母—问题子女"范式而产生负罪感的父母不在少数，因为1990年前的心理学、大众电视节目和当今社会氛围都在强调这一点。"我们不能断定，当代孩子的问题一定是由父母的问题引起的。"我说出这句话时，很多哽咽的父母如释重负。

"好父母—问题子女"范式不仅出现在韩国，在中国、印度，甚至以德国为首的教育圣地——欧洲也同样有这样的情况。美国的校园枪击事件频发，这也让更多的人开始重新审视子女教育的问题。美国教育学者约翰·杜威以实用主义为基础，发展出"满足孩子的要求"这一教育理念。但过度以孩子为中心导致了枪击事件、对各种事物上瘾、性关系混乱等结果。有人认为只要普及素质教育，这些现象自然就会减少，可事实是，这些现象非减反增。再说，犯罪动机和施害对象不明确的"无差别犯罪"行为越来越多，对此，以"刺激—反应（Stimulus-Response, S-R）"理论为中心的科学范式并不能做出解释。

很多人都开始自我反省：到底有什么方法可以解决这些问题呢？研究指出，答案之一就是"如果父母真的爱孩子，就要求他们从小开始做家务"。因为从小就开始做家务的孩子，在成年后或者到了中年，个人生活会非常幸福，婚姻也会非常和谐。从职业发展的角度来看，其工作能力也会是超群的，尤其是10岁以前就开始做家务的孩子，他们明显比同龄人优秀。纵向研究是指长期观察同一批研究对象的变化的研究。因耗费时间和精力，所以这种研究方法并不容易操作。虽然研究时间较长，但最终的研究结果相对更有深度。最具代表性的纵向研究是"棉花糖实验"。该实验的对象是一群幼儿期的孩子，每个人面前都有1颗棉花糖，如果谁可以做到等

15分钟之后再吃棉花糖的话，他就可以得到2颗棉花糖。实验结果表示，那些等待了15分钟的孩子长大成人后，无论在人际关系方面，还是在职业发展方面，都明显要比没有等待的孩子更为优秀。

"虾条教育"

一般孩子在学习说话和站立时活动性会增强，会开始积极探索周围的世界，孩子正是从这时开始形成"自我意识"。"自我意识"原本就是自私的，孩子自然以自我为中心。父母从这个时候开始就应该教育孩子——这世界上不是只有他一个人，父母也应该从这时候开始树立自己的权威。如果父母在这时没有教育好孩子，那么随着孩子逐渐长大，他必然会成为"国王"，父母必然会沦为"仆人"。

孩子牙牙学语的时候，经常使用的词句有两种。一种和自己的生存息息相关——"妈妈""爸爸""水""屎"等；另一种则表现出强烈的自我意识——"是我的""不要""讨厌妈妈""讨厌爸爸""我不和妈妈玩了"等。有些父母会认为婴幼儿期的孩子本来就是以自我为中心的，所以这些现象都很正常。其实不然，父母应该从这个时候开始对孩子进行人性教育。"虾条教育"应该从这时开始。在这一时期，如果妈妈把零食分给别的孩子，孩子要么一把抢回零食，要么伤害拿到零食的孩子。如果不想让孩子永远以自我为中心、变成自私的人，父母就应该教孩子分享，还要让他们做家务。

这时期的孩子吃的食物和大人是一样的，不再吃母乳或辅食，虾条是男女老少都喜爱的零食，父母应该教育孩子，拿到一包虾条后要让爷爷奶奶、爸爸妈妈先吃。当孩子用小手拿起几根虾条递给长辈时，长辈不应该说"不用了，你吃吧"，而要欣然接受，这样孩子才会认为长辈先吃是理所当然的。几根虾条就能让长辈填饱肚子吗？并不会，但是他们会非常开心，下次还会给孩子买虾条。另外，如果旁边有其他孩子，父母应该教育孩子亲自将虾条分给其他孩子，这样孩子才能学会如何交朋友、如何分享。孩子因和同龄人分享零食而得到周围人的认可和表扬，这对孩子来说也是一种积极的能量。父母再给孩子买虾条的时候，需要和孩子讲清楚："因为上次你让长辈先吃，还和其他小朋友一起分享，所以才会给你买这包虾条。"这样孩子就会明白自己做了一件正确的事，并通过这次奖励来强化自己的行为。

明确考试的目的

考试到底意味着什么呢？只是为了排名吗？考试后当然会有名次，可考试的目的并不是排名。考试是为了测试自己目前的状态。想要在跌倒的地方爬起来，就要明确自己跌倒的位置。韩国的英语教材尾页都有测试题，只有去解题才能确认自己到底了解了多少。大家平时可能感觉自己知道的不少，但是一考试就会发现还有很多是自己不知道的。总结来讲，考试是一种帮助自我反馈的方法，经常自我测试的人也更容易获得成功。

只有通过考试确认自己当前的水平，弥补自己的不足，自身实力才会得到增长。在学校，考试是为了成绩，其实在社会生活和个人生活中也同样需要这样的过程。日常生活中，我们可以为自己定下目标，根据目标制订计划，然后按部就班地实施计划。通过这个过程，我们可以了解当下自己所处的位置，明白自己的长处与短处，找到更好的方法，为将来的成长打好基础。如果孩子认为考试非常辛苦，还因此发脾气，那说明他是个目光短浅的人。想要成为有深度的人，考试是必经之路，懂得如何备考的人才会熟能生巧。

不要在后方奉献，要在前方引领

韩国的词典中将"奉献"一词定义为"提供食物或衣服等多方面的照料"。"奉献"一词多在父母照料孩子的过程中使用，它还代表着父母为了孩子不惜粉身碎骨的献身精神。从这个角度来看，韩国的父母是最棒的。可是奉献意味着一个人要牺牲自己的人生，很多父母为了孩子干脆放弃了自己的人生，他们没能好好度过自己的人生。

如果有在"后方奉献"的说法，也就应该有在"前方引领"的说法。在"前方引领"就是在前方做榜样。父母应该做好榜样，让孩子可以学习父母的样子。父母应该做到能理直气壮地对孩子说"你也要像我一样！"或者"follow me！"。父母按照自己的处世哲学去生活时，会成为孩子的榜样和引路人。父母应该向孩子展示自己职业的一面和具有良好素养的一面，和孩子保持良好的关系，让他们看到父母是对社会有贡献的人。

如果父母能够这样做，那么孩子长大成人后也能保持良好的心态，开启自己人生的第三段旅程 (3rd age)。所以说，父母也要为自己的人生做好准备。如今的子女不希望父母一味地为他们操劳，为他们奉献，而是希望父母活得精彩，享受自己的人生。

第三部分

希望教育法实战

紧紧抓住希望教育法的"刀把"

在普及希望教育法的过程中，我了解到当代父母对子女的态度。有的母亲对待孩子就像儿媳妇服侍婆婆一样，如果母亲对孩子唯命是从，那么孩子自然从小就会坐上主人的位置。我们必须明白，父母与子女的关系是绝对的垂直关系：父母在上，子女在下。

孩子居然在这么短的时间内就有所改变，这不是梦吧！

❖━━━━━━●━━━━━━❖

从首尔市瑞草区到京畿道义王市不过30分钟的车程，我们约好的是孩子的母亲独自来做心理咨询，可没想到先踏入咨询室的居然是孩子的父亲。这位父亲很帅气，身着西装，彬彬有礼，一看就是位职场精英。他说本来打算让妻子一个人前来，可想来想去还是觉得作为父亲应该亲自来做一次咨询，所以特地向公司请了半天的假。父亲的态度如此积极令人欣慰。

这对夫妻向来都以非常民主的方式对待孩

子，可孩子们最近却十分无礼，经常顶撞父母。夫妻二人在寻找对策的过程中了解到我的希望教育法，所以前来咨询。咨询结束后，这位父亲没有回家，而是去公司制作了一张电子表格，上面标注了孩子们在家应该遵守的规则。他对照我列出的"希望教育法检查清单"[1]逐项自查，并根据自家的情况做了调整。咨询当天的晚上，他便召集孩子们开会。在这之前，一直是母亲负责和孩子们沟通。父亲宣布，从今天开始家里的大事小事均由父亲来决定，关于零用钱等生活方面的事宜也要重新定夺。可大吃一惊的并不是孩子们，而是父母。这对夫妻本以为孩子们会抗议，没想到他们非常顺从地接受了。他们应该是感受到了父亲坚定的决心。一周后，我收到了这对夫妻发来的致谢短信。

"李博士，非常感谢您。不过一周的时间，我们家就从地狱变成了天堂，您告诉我们的方法的确有效。以后无论发生任何事，我们都会把

---

[1] "希望教育法检查清单"见附录。——编者注

'我们是教育孩子的主体'这句话铭记于心。再次向您表示感谢。"

这个家庭中的孩子在很短的时间内就做出了改变。也许孩子们做出某种行为，只是因为父母从未告诉过他们该做什么、不该做什么。实际上，很多孩子都因缺乏教导而不知道该做什么、该怎么做。

实施希望教育法的父母会成为权力的主体。父母是手持"刀把"的一方，而孩子是手持"刀刃"的一方。手持"刀把"的一方明显要比手持"刀刃"的一方有优势，所以各位父母一定要紧紧握住"刀把"，毫不留情地"砍掉"那些没有教养的行为。"父母与孩子开战"这句话本身是不成立的，可如果真有那么一天，父母一定要赢得战争才行。

实施希望教育法的过程也是孩子二次诞生的过程

毫无教养的孩子都有哪些特征呢？我曾在2012年出版的《大孩子的希望教育法》的序言中罗列过。

对所有事都感到厌烦，毫无感恩之心，只有不忿和不满；从来不主动问好；肆无忌惮地辱骂父母；无比懒惰，从来不整理任何事物；很难融入社会；频繁迟到，不遵守约定；无论是去上学还是上班，总是无故缺席；从不主动学习任何事物；熬夜上网；明明不是吸血鬼，可总是白天睡觉、夜间出没；只从网上购物；从来不参加室外活动；不爱洗澡；毫无意志力；除了零用钱，无论给他什么都是一脸不屑；精神方面并没有什么问题，但只考虑自己；无法安安静静地坐着，哪怕是很短的时间；只要拿着手机就无法静坐；整个人都活在电视节目和网络里；连一件小事也无法完成；不做任何运动；不知道什么叫流汗、不知道字典里还有"辛苦"二字；宅男宅女；毫无自我调节能力；对各种事物上瘾；害怕受伤和被指责；即使安排他做一件小事，他也会大发雷霆并反问"凭什么"。极度缺乏教养的孩子还会肆无忌惮地殴打父母；因为父母的不足而心生委屈；稍稍吃点苦头就轻易放弃；对工作没有概念，也不知道该如何处理工作；对绚烂多彩的舞台充满了憧憬；结婚后只要稍有不顺就离家出走或闹离婚。

　　不知从何时开始，孩子变成了令父母束手无策的对象。唉声叹气的父母需要具体的帮助和明确的对策，于是，我开始在线对父母们进行指导。父母们实践我的方法，孩子的问题就会得到改善。时间短的一个月，时间长的也不超过三个月，父母也会重获自信。通常，实施希望教育法后，孩子们变化的速度都非常快。虽然我和父母们都觉得不可思议，但这也恰恰证明韩国缺少针对大孩子的有效的教育方法。

大孩子的问题是由精神世界贫瘠、缺乏基本的能力和作为人的基本素养导致的。不是因为父母做得不够好，而是因为孩子的成长环境过于丰裕。这种现状是过度引起的。"高科技会带领人类走向幸福"这句话不过是科学爱好者的理想罢了，实际上，高科技只会给人类提供安乐和便利，无法给人类提供幸福，反而越是不方便的环境，越能让人体会到幸福感。我在看综艺节目《丛林的法则》时偶尔会有这样的想法。嘉宾们身处最恶劣的环境，连基本的生存工具都被抢走，只能赤手空拳去完成任务。这种情况下得来的食物，他们却觉得是人间美味，并心怀感激。这是因为他们刻骨铭心地体会到了什么是"天下没有免费的午餐"，什么是"来之不易"。嘉宾们也因参加这档节目明白了——那些他们认为理所当然的事物并非本应如此，此后他们会对生活充满感激，幸福指数也会有所提升。

大孩子的希望教育法其实是培养孩子生存能力的教育。要做到这一点，孩子就要完成两次诞生：通过母亲完成第一次诞生，通过父亲完成第二次诞生：孩子在第一次诞生时，母亲无微不至的照顾、形成健康的依恋关系、培养自尊等是至关重要的。第二次诞生时，重点是独立，这一时期的教育本该由父亲主导，可韩国的父亲大都对育儿漠不关心。再说，就算有些父亲想亲自引导，也鲜有这方面的案例可供参考。父亲最终还是会专注于赚钱养家。韩国四五十岁男性过劳死的比例要远高于其他国家。这些父亲退休后也无事可做，活了一辈子却只懂工作，既没接触过其他事情，也感受不到生活的乐趣。从这点来看，韩国男人真的很可怜。

希望教育法的核心原理是"if or not"

希望教育法的核心原理是以行为主义心理学为基础的。行为主义心理学有"奖励"和"惩罚"两大支柱——用奖励的方式来强化好的行为，用惩罚的方式来减少不好的行为。父母教育孩子，一定要坚持"if or not"的原则。在夸奖孩子、严厉地斥责和惩罚孩子时，父母一定要解释清楚理由，并规定好界限。举个例子，假设孩子发火摔了东西，父母首先应该做的是问清楚孩子为什么会生气，并接纳孩子的情绪，然后用"if or not"原则去处理孩子的行为。这时候，父母可以给孩子一些思考的时间。"你因为生气而摔了家里的东西，生气这件事大人可以理解，但摔东西这件事你是怎么想的呢？先和我们说说你的想法吧。"父母可以通过这样的话术给孩子一个吐露心声的机会。听过孩子的想法之后，和他说清楚父母的底线和原则。"虽然你认为生气就可以摔东西，但我们并不能容忍这种行为。所以，接下来的一周禁止你使用手机。"父母可以这样和孩子解释并没收手机一周，一周后如果孩子还做出这样的行为，那就加大惩罚力度。要提前告诉孩子，如果他再有这样的行为，就没收手机2~3周，或者通过其他方式惩罚他。

父母可以通过这种方式纠正孩子的行为。如果孩子试图反抗或者拒绝交出手机，父母就要明确告诉孩子："如果你遵守家里的规定，听父母的话，我们就恢复你的权利。否则，你得到的权利会被收回。"父母要让孩子明白：有问题的不是人，而是人的某个行为，所有的行为都要付出相应的代价，有好的行为会收获奖励，有不好的行为则会被惩罚。这么做孩子才会听父母的话。当然，孩子一开始肯定会使出全身的力气反抗，顶撞甚至辱骂父母。可越是这样，父母就越要坚定意志加大惩罚力度，同时还要以沉着冷静的态度反复和孩子说明自己这么做的理由。

向孩子说明自己的底线和原则的父母，不是坏父母，他们这样做也不是为了剥夺孩子的权利，而是要让孩子明白：第一，所有的行为都要付出代价。第二，有问题的不是人，而是人的某个行为。也就是说，当孩子修正了自己的行为，父母自然会恢复他的权利。无论孩子能否听得进去，该说的话父母一定要说。如果当面说孩子不听，那就用发信息的方式。如果孩子连信息也不看，那就写在纸上放到孩子的房间里。这样，日后训斥孩子或反驳孩子的某些行为时才有理有据。在法庭审判时，胜负全权取决于是否有证据。就像申诉人提交了证据才会赢得审判一样，父母们应不断重复这些话，才会从中得到力量。

提升心理素质

无论是面对俨然已经成为"国王"的孩子，还是可怕的孩子，父母都应该提升自己的心理素质。父母如果像沙袋一样，长期处于任由孩子们拳打脚踢的状态，那孩子的一个眼神或一句话都会令父母瑟瑟发抖。所以，父母要提升心理素质。孩子们说的话，父母可以选择性忽视，没有必要全都当回事。在做心理咨询的过程中，我发现有很多父母会将孩子说过的每一句话都赋予重大意义。我会毫不留情地指出他们的问题："孩子不过是说说而已，为什么你们却把这话当作圣旨在心里默念呢？"讽刺的是，父母把孩子的话当作圣旨，孩子却把父母的话当作耳旁风。值得注意的是，当孩子表达自己的想法和感受时，父母要从孩子的角度去理解。每个人都有权利表达自己的想法和感受，主观的想法和感受不应该受到道德和伦理的约束。但有一点需要注意，如果孩子将自己的想法和感受转化为行动，那么他就要为自己的行为负责。如果孩子做出了突破底线、违背原则的事，父母当然要批评教育。

家是人们可以自由表达想法和感受的物理空间，家人则是人们可以自由表达想法和感受的心理空间。所以说，有家人在身边是幸福的。如果一家人的想法都一致，可以互相共情对方的想法，那就再好不过了。不过，想法和感受并不能将行为合理化，行为必定伴随着责任。父母应该教孩子学会负责，只有负责的人才有资格做成年人。

最近很多孩子从小学开始就已经让老师们束手无措了，这些孩子的父母从未教过他们什么叫作"禁止"。当他们从老师的嘴里听到"禁止"二字时，既无法理解也不会服从。每到学期初的时候，总有很多父母因"冲动调节障碍"来做心理咨询。所谓成年人，是指发生问题时不会感情用事，而是理性思考，做出合理判断和明智选择的人。所以，一个人即使在生理上已经是成年人了，可如果无法克制自己的愤怒，那么他本质上还是个孩子。对于婴幼儿期的孩子，父母需要做的是保护和照顾。可对于大孩子，父母需要做的是将他们培养成有能力独立生活的人。想成为培养孩子的主体，父母需要先让自己变得强大。

给孩子下命令

父母若想实施希望教育法，就要学会下命令。如果是必须说的话，那就简单明了地下命令，哪怕有些生硬也无妨。有些父母会委婉地，或以请求的方式和孩子说话。如果是对待别人家的孩子，那可以这么做，可对待自己家的孩子就没有这个必要了。举个例子，有些父母看到孩子睡懒觉时会这么说："能早点起床就好了！""你不觉得起来收拾一下床铺是个好主意吗？"看到孩子深夜不睡觉会这么说："你如果能早点睡觉就好了。"父母没有必要用这种方式和孩子说话，直接命令即可。

希望教育法要做的是纠正孩子的言行，所以不要从人本主义心理学的角度去评价。对于机能不全家庭或放任孩子的父母来说，用这种方式和孩子说话有助于帮助孩子恢复自尊。可对于一般家庭来说，尤其是现代韩国家庭，就不需要这么做。虽然这一点我在前面也屡次提到过，但还是要再强调一次，有问题的是孩子而不是父母，而孩子有问题的原因在于"过度"而非"匮乏"，这种情况下，就需要父母敢于下命令。

"早晨8点钟是起床的时间，所以你现在应该马上起床"，父母应像这样，在下命令时明确时间。如果说一遍没用就再说一遍，如果说了几遍孩子还是不听，父母完全可以斥责或大声命令。既然引起问题的是孩子，那么父母就有理由这么做。如果孩子不想被训斥，就要听父母的话。如果孩子被训斥了还是不遵从，父母理应拿出撒手锏——体罚。现代社会已经将体罚归为家庭暴力了，所以如今父母不能随意体罚孩子。不过，只要父母坚守自己的权威，那么简单的惩罚就可以起作用，也就不必走到体罚那一步。所以，重点在于父母能否下定决心。

父母在公开场合也可以下命令。下命令应该坚决果断，可如今"过度尊重"的社会文化导致命令句也变得有气无力。大家去剧场的时候都会看到这种提示语：请不要用脚踢前面的座位。对此，我非常不解。我觉得直接写"不要踢前面的座位"或"不要用脚踢前面的座位"就可以了。我认为出现在这种公共场合的说明性文字可以用敬语，但真正遇到这种情况要表达的时候应该直接用命令句式。大家一起玩游戏的时候也会用命令句。"来，现在我们把手举到头顶上方"虽然是个命令句，可是大家不仅不会有被命令的感觉，反而会整齐划一地把手举起来。在学院里也是如此，新人讲师通常都会使用敬语，但有名师会直接下命令，且有时候使用敬语反而会让人觉得无趣。比如讲师说"请大家试着即兴跳舞"，学生们不一定会听从，可如果换成"现在开始即兴跳舞"，学生们就会动起来。

大胆训斥，严厉批评

我们在餐厅或超市里经常可以看到追跑打闹的孩子，孩子固然做得不对，可对此坐视不理的父母问题更大。有些父母还好，看到周围的人表示不悦，他们会管理一下孩子的行为。可有些父母看到孩子被路人批评后垂头丧气的样子，反而会发火。父母这样做，只会将孩子教成无礼且缺乏自控力的人。在公共场合大声喧哗或乱跑乱跳是非常无礼的行为，如果父母不能让孩子明白何为无礼的话，孩子就会变成不知廉耻的人。这样的孩子，无论走到哪里都会无法融入，经常像暴君一样行事。有事例表明，幼时不遵守公共场合秩序的孩子，长大之后会很难融入社会。这也是为什么社会越发展，对人的德商（Moral intelligence Quotient）要求就越高。

当代的韩国父母都不怎么批评孩子。即使他们做了应该受到批评的事情，父母也是三缄其口，所以目中无人的孩子才会越来越多。父母之所以不批评孩子，是因为担心孩子会因批评而受伤，这是1990年前的心理学强调的内容。但实际上，批评并不会伤害孩子，会使孩子受伤的是谴责或侮辱等攻击性的语言，而批评的话属于激励性的语言。也许有些人会不理解：为什么批评的话是激励性的语言呢？实际上，批评是一个将普通人鞭策成材的过程。听得进去批评的孩子既懂得自我反省，也懂得感恩那些批评自己的人。当然，如果在人多的场合批评孩子是有可能让孩子受伤的。所以，父母要批评孩子一定得避开其他孩子，等到和孩子独处的时候再批评，且一定不要在情绪激动的时候批评孩子，而要在沉着冷静的状态下提出批评。据说过去孩子犯错时，大人们都会让孩子去外面清理一会儿树枝再进家门。孩子可以在这段时间思考自己具体哪里做错了，大人也可平复心绪，回归理性。这真是个明智的处理办法。

批评和谴责有本质上的区别。批评是指出某个错误的行为，对此进行训斥；谴责则是将行为和人混为一谈，甚至更倾向于针对人而非行为发起攻击。举个例子，孩子不小心把桌子上的杯子弄到了地上。"因为你把杯子放在那个位置，所以手臂才会把杯子划到地上。下次小心，记得把杯子放到正中央"，这种方式是批评式教育；"你又把杯子弄掉了？我真是没法活了。没有一件是你能做好的！看你那副德性我就知道你会弄掉杯子"，这种方式就是谴责。

谴责不仅会伤害孩子，还会打击孩子的自尊心，剥夺孩子的自信心，越是极少称赞孩子的父母就越容易谴责孩子。总之，如果想培养出有成就的孩子，就要多加批评。谴责会折断孩子的翅膀，可批评会使翅膀更为坚韧。听着谴责长大的孩子会深陷挫折泥潭之中动弹不得，可听批评长大的孩子，即使深陷挫折泥潭之中，也懂得如何自救。所以，如果有必要，父母一定要指出孩子的错误并提出批评。从小就明确知道什么该做、什么不该做的孩子，长大之后也会做出优于常人的选择。父母应该让孩子做一些他们讨厌的事情，即使用批评的方式也要让他们把讨厌的事情做完。虽然是讨厌的事情，但做过一段时间后也会有所收获，这样有助于提升自己的实力。孩子处于婴儿期时，父母可以满足孩子的一切需求。可孩子进入幼儿期后，父母就不能再用这个标准了。婴儿期的孩子可以被当作"国王"来服侍，进入幼儿期之后，孩子就应该学会配合父母。

结束谈话的应该是父母

有很多父母在和大孩子对话时，不知道如何开口，也不知道该说些什么。比如，孩子揪住一点拼命顶撞父母时，父母会被噎得哑口无言，或者他们明明知道孩子是在强词夺理，可就是无法开口反驳。我要强调的是，就算遇到这种情况，父母和子女之间的对话也一定要由父母来收尾。无论是批评的话，还是发牢骚的话，最后一句一定要由父母来说。比如，孩子大叫"我的人生以后由我自己做主"时，如果父母什么都不说，孩子就会认为父母默许了自己的宣言。这时候，父母可以说："你的人生可以由你做主，但要等到成年之后"，或者"辛辛苦苦养你这么大，现在居然说要自己做主了，你可真行！"，又或者"既然你都说了要自己做主，那从今以后你的事都由你自己来负责"，再或者"行啊，那以后你就自己做主吧，我看你能坚持几天"……总之，亲子之间的对话一定要由父母来收尾，这样父母才能树立权威，孩子才不会认为父母已经默许了自己的宣言。如果父母发现孩子有认为自己的宣言已经被默许的迹象，一定要及时做出处理，告诉他："你要自己做主是你的想法，我们可没同意。"

我再来讲一下关于对话的误解。"对话"（dialogue）一词由意为"两个"的"di"和意为"语言"的"logue"组合而成。也就是说，至少要有两个人才能展开对话。很多父母认为对话是共情对方的工具，这其实是误解。对话并不完全是为了情绪交流、共情和心灵沟通而存在的，有时对话是单方面传递信息、表明立场，有时对话是为了确认一些事项。我们与人吵架是一种对话形式，被训斥也是一种对话形式。认为对话是共情对方的工具，等于缩小了对话功能的范围。

举个例子，早上，父母叫睡懒觉的孩子起床的时候，孩子如果回答"烦死了，我自己知道什么时候该起床"，父母千万不能什么话都不说就离开房间，而要严肃地下命令："妈妈明确说了让你起床。"之后，再离开房间。这样做过之后，批评孩子赖床才有依据。孩子说出一些不可理喻的、毫无根据的话，或提出无理要求的时候，父母完全可以说"吵死了""我不想听""荒谬至极""长嘴不代表你可以乱讲话""有些话该说，有些话不该说，说话也要分场合"。父母在表达拒绝时应该态度明确，什么都不说的话，孩子就会认为父母默许了。所以，结束对话的必须是父母。

情绪可以随时被接纳，但行为一定要符合原则，不能突破底线

子女教育和育儿类的书里频繁提到的一个词就是"共情"。孩子经常听到共情和包容的语言，其自尊心会更强，性格也更开朗，这个观点没错。父母在孩子还小的时候，理应为孩子创造一个共情且包容的环境。无论是大人还是孩子，无论是什么关系，共情都是治愈心灵、让生活变得更美好的润滑剂。素质越高、自我评价越积极的人，就越常说共情的话。素质越低、越是认为自己低人一等的人，就越常说挖苦、讽刺，甚至是具有攻击性的话。

共情理论也是"匮乏"心理学时代的重要解决方案。和共情相关的内容是让学习心理咨询的人最感动的部分，共情被认为是可以解决所有人生问题的万能钥匙。在咨询案例沟通会上，督导会根据心理咨询师对来访者的共情程度判断其咨询水平。可以说，共情就是咨询的全部。但实际上，共情就好比在猫的脖子上挂铃铛[1]，那么该挂这铃铛的人到底是谁呢？对于严重缺乏共情环境的机能

1　形容不可行的事。——译者注

不全的家庭，共情绝对是必要的。但共情也有过犹不及的情况，过度共情会让孩子变得脆弱，最终孩子会变成只享受权利不履行义务的"国王"。

那么，共情到底是水平向的还是垂直向的呢？如果从父母要配合子女视线的角度来看，也许人们会认为共情是水平向的。但实际上，共情是垂直向的。共情方一定是优于被共情方的。只有生活状态较为松弛、理解能力较强、有控制愤怒情绪的能力、可以做到客观看待一切事物的人，才能做到共情。

举个例子，从幼儿园放学回家的孩子一进家门就哭着嚷嚷"我再也不去幼儿园了"。平时回家都会元气满满地打招呼的孩子，突然如此消沉，一定是出了什么问题。这时候，父母就应该给予共情。首先安抚孩子的情绪，"我家××宝贝是生气了吗？"然后抱住孩子，"今天发生什么事了吗？"在孩子讲述事情的经过时，父母应该立刻给予共情："啊，所以你才生气了。"但如果是小学五年级的孩子，进了家门后连招呼也不打就把书包扔到地上，进房间后用力关上房门，父母就不应该给予共情。孩子有这种行为，父母要严厉批评，让他把书包捡起来，教育他以后到了家要先和父母问好再进自己的房间。不管出于什么原因，让孩子生气的人并不是父母，所以孩子不应该这样做。无论发生什么事，孩子都不能如此对待父母。面对这种情况，父母应该先纠正孩子的行为，之后再给予共情："看你今天的举动，好像有什么伤心事，过来和爸爸妈妈说一下吧。"

从接纳情绪的角度来说，共情确实是非常美好的事。共情不仅能使生活变得美好，还是生活的重要组成部分。因为共情，人们才能组建家庭，尽管他人都在挖苦讽刺我，但家人却永远都会站在我这边，这就是共情。不过父母要明确的一点是，不一定要先共情再处理问题，完全可以先处理问题再去共情孩子。

家庭会议

孩子处于婴幼儿期时只能被父母照顾，稍微大一些之后就需要独立。只有每个独立的成员都忠实履行各自的义务，家庭这个有机体才能正常运转。想要确认这个有机体是否在正常运转，每个成员都要有所反馈，家庭会议理应诞生。世界上只有将会议规模最小化的组织，却没有不开会的组织。

家庭会议的效果立竿见影

为了正在上高二的儿子，U先生来找我咨询。U先生的父亲并没有给他留下美好的回忆。父亲冷酷无情，经常恶语相向，暴力行为更是家常便饭。看到父亲的模样，U先生下定决心，自己结婚生子之后，绝对不做这样的父亲。U先生满足孩子们所有的要求，孩子们过生日的时候还给他们买昂贵的礼物，最近还给孩子们买了遥控飞机和数码相机。可孩子们不仅没礼貌，还无组织无纪律，不管父母说什么他们都像猛兽一样顶回来。U先生觉得不能再任由他们这样发展下去了，于是开始寻找对策。在读过《大孩子的希望教育法》之后他来找我咨询。实施希望教育法仅两周的时间，所有问题就都解决了。

在这之前，U先生的孩子们对零用钱完全没有概念，想买什么就会拿着妈妈的信用卡直接去买。爸爸在开家庭会议时收回了信用卡，并宣布以后将亲自分配孩子们的零用钱，不参加家庭会议的人没有零用钱。孩子们在领到零用钱一周后，要提交详细的使用记录。

一开始孩子们当然不同意，但无论孩子们怎么做，父亲始终坚守自己的立场。第一次开家庭会议时，老大反驳了父亲提出的要求，但之后还是遵守了这些要求。吃惊的倒是U先生，他本以为孩子们会耍无赖直接退出会议，可孩子们适应得很快。实践证明，孩子们只是没有接触过这样的规定而已。孩子都已经高二了，父母还像对待婴幼儿一样，完全以孩子为中心，才会导致这样的结果。父母通过希望教育法将孩子引上正确的道路。U先生的生活在一个月之内从地狱回到了天堂，他觉得很神奇。不过，孩子可以快速回到正轨的原因是父亲慈祥、亲切，又非常关爱孩子。孩子和父亲之间已经有了最基本的亲密感和信任感，所以这场整顿行动才会如此顺利。

下面是U先生在第一次家庭会议时提出的"U家生活手册"。

U家生活手册

家庭成员：父亲U××，母亲Y××，儿子

U××，女儿U××。

会议周期：每周末（六/日）晚上，具体时间由父亲通知。

会议内容：开会前由父亲按周更新。

会议目的：为了家庭和谐，为了所有家庭成员都能以健康的状态和一颗正直的心去迎接未来。

零用钱分配周期：一周分配一次。儿子U××，2万韩元；女儿U××，1万韩元。

遵守规定有助于保持身心健康

● 遵守就寝、起床时间。

● 因U××和U××还是学生，所以休息时间以学校为准。就寝，12点；起床，8点。

关于网课的注意事项：二人应按照学校规定，正常参加网课。

每晚12点切断网络（Wi-Fi），为了迎接第二天的生活，每个人都需要充分的休息。

调整手机套餐：因Wi-Fi已经充分满足了上网的需求，所以手机套餐将调整成以通话为主。

过互相尊重的生活

◉ 辛苦工作了一天的爸爸回到家时，应心怀感恩去门口迎接。

◉ 为家庭操劳了一天的妈妈回到家时，应心怀感恩去门口迎接。

◉ 因U××和U××已经长大，作为家中的一员，理应一起分担家务。

◉ 进食后需自行收拾残余，如碗筷、零食包装袋等。

如不遵守以上规定，惩罚措施由父母视情况而定。

之后有一次，孩子们曾直接向妈妈要信用卡买炸鸡。换作以前，这种事情都是家常便饭，但在U先生开始实施希望教育法之后，这就属于"国王"的行为了。一家人就如何处理这件事讨论了很久，最后决定取消炸鸡订单，惩罚是孩子们接下来的一周都不许吃炸鸡。之后如果想吃炸鸡的话，一定要提前申请，如果像这次这样直接让妈妈拿出信用卡的话，将不会得到任何回应。

除此之外，U家还发生过各种大大小小的事，无一例外，都是因为孩子们不想从"国王"的宝座上走下来，U先生希望继续实施希望教育法。实施希望教育法、开家庭会议可以纠正孩子的行为，也能让孩子开始懂得感恩所拥有的一切，感恩父母。

U先生一家的事例证明，父亲掌握了家庭主导权后，问题便可快速解决。父母可以通过家庭会议了解孩子的日常生活、学校生活、兴趣爱好，以及分配孩子的零用钱。同时，家庭会议也是父母和孩子交流想法的途径。其实，很多现代家庭的成员之间了解甚少，家庭会议恰好具备让大家互相了解的功能。

并不是只有"对孩子好的父母"和"毫无保留地为孩子奉献的父母"才是"好父母"。U先生对待孩子的方式实际上是一种名为"反向形成"的心理防御机制。也就是说，U先生想被这样对待，于是他便这样对待自己的孩子。如果一直毫无保留地为孩子奉献，结果只能是把孩子变成"国王"。对于大孩子来说，"好父母"应该是非常明确的父母，即明确生活中的底线和原则，想要将孩子培养成有能力之人的父母，而不是温暖的父母。各位可以适当放下做"好父母"的执念，孩子长大后，要让自己从"好父母"转变为"明确的父母"。

家庭也需要经营

家庭是需要被经营的组织，而父母是这个组织的CEO。CEO既是决策者也是负责人。经营家庭就如同经营公司一样，需要一套经营哲学以及相应的底线与原则。这就需要家训或家庭使命宣言（mission statement）。拥有家庭使命宣言的家庭，内部结构更成熟。

无论是公司还是某个团体，会议都是组织的基本构成部分。开会是为了确认目前进行中的事情是否顺利、已经达成了哪些业绩、新项目的准备事项以及信息沟通。在会议期间做出的决定是具有公信力的，家庭也是如此。想要请爸爸或妈妈帮忙的一些私事，如果在家庭会议上正式提出来，被正式接受，就具有公信力。当代韩国家庭缺少的正是这一部分。所以，我会对前来向我咨询希望教育法的父母说，家庭会议是解决问题的基础处方。父母养育子女的同时也要帮助他们成长，这时期的孩子应该听父母的话。当双方意见冲突时，应该学会协商，寻找调节的方法。孩子和同学之间发生矛盾时，他也可以参照家庭会议上父母的仲裁方式解决问题。

家庭会议的优点在于，它是一个正式的家庭成员间的沟通渠道。让婴幼儿期的孩子参加家庭会议属实有些勉强，但当孩子开始学说话、可以表达自己的立场时，就可以让他参加家庭会议了。父母也应该从这时候开始和孩子明确立场——什么事情可以做，什么事情不能做。当父母做了充分说明，禁止某种行为的理由足够明确时，孩子也许会拒绝，也许会觉得不甘心，但是绝不会因此受伤。

同时，家庭会议也是一种仪式。弗洛伊德的弟子卡尔·荣格认为，无论是个人还是家庭，又或是组织，定期的仪式都会使其凝聚力增强。也就是说，有定期仪式的家庭，凝聚力会相对较强。韩国奉行儒家文化，保留了祭祀这一仪式，但可惜的是，当代社会只保留了仪式本身，祭祀的根本早已被忘得一干二净。祭祀本应是一家人聚在一起，问候先祖，互相问候近况——最近有无难处，有没有什么需要帮忙的。如果先祖泉下有知，看到这一幕也会很欣慰。可现代人却总是在祭祀时发生矛盾，大吵大闹。与其这样，还不如取消这一仪式。

进行经济教育

父母应从小就对孩子进行经济方面的教育。对孩子来说，零用钱是必要的，购买学习用品、生活必需品、零食，以及乘坐公共交通工具都需要零用钱。孩子们可以通过使用零用钱学习合理消费、存钱，学会把钱花在刀刃上。孩子在领到零用钱之后，应该以周或月为单位，记录支出内容并提交支出报告。用文字的形式把消费支出制作成可视化的资料，才便于分析和比较。孩子只有学会如何使用金钱才能对金钱规模有一定概念。还有，让孩子记录零用钱支出绝不单纯是为了限制孩子消费，这也可以作为日后给孩子增加零用钱的根据。如果孩子需要额外的支出，应该通过特别的劳动来赚取。孩子绝对不会随意使用自己辛辛苦苦赚来的钱。

我一直教育我的大儿子，高中毕业之后家里就不再给他零用钱了。一般来讲，韩国的孩子在高中毕业后就需要自己去赚零用钱了。当然，父母会帮忙支付大学学费。所以，我家老大在便利店做夜间兼职，赚得了自己的零用钱。开始自己赚零用钱之后，大儿子有了变化。一家人出门聚餐的时候，他会等到最后再点菜。在开始兼职之前，出门就餐时他从来都是先点好自己想吃的东西。开始兼职之后他意识到，自己需要劳动一小时以上，才能买下这份想吃的食物。他才意识到，之前父母为自己支付如此昂贵的费用是多么值得感恩的事。另一个变化是，他开始认可并尊重父母辛苦工作赚钱这件事。之前他对我做讲师赚钱这件事完全没有概念，自己开始赚钱后才认识到，我的收入来自我的品牌价值。

经济教育开始得越早越好。在这方面，全世界做得最好的是犹太人，他们甚至鼓励并支持孩子赚钱。假如有个孩子想批发一些文具，再以零售价卖给同学，父母会爽快答应。但他们会教育孩子，一定要以正当的方式赚钱，不要说谎或是走捷径。正因为犹太人从小就对孩子进行经济教育，他们才会占领世界金融市场，也因此很少上当受骗。韩国有很多家庭都因上当受骗而支离破碎。出现这一现象的原因有很多，被骗的人从小未曾接受过经济教育便是其中的一个。

我见过这样一个事例，某对父母直接把信用卡交给孩子（大学生），让他随意使用，这孩子花钱如流水，甚至还买了一台二手车，开了几天后觉得不满意又换了一台。既然一张信用卡就可以解决所有的事，那么这孩子当然不会有做兼职的想法。对大学生来说，这张信用卡就是魔法棒般的存在，但实际上，学龄期前的孩子才需要魔法棒，大学生并不需要。

通过事项清单来检查

这本书是为那些"问题父母"所写的，也是为那些被误认为是"问题父母"的人所写的。另外，对于那些父母明明没有问题但孩子却缺乏教养的家庭，这本书也指出了原因，给出了具体对策。

我在心理咨询室见到的父母都不是"问题父母"。他们都是非常认真地生活、为了不做"问题父母"而付出百般努力的人。真正的"问题父母"不会来做心理咨询，就算有这个想法，可能也没有时间，没有经济能力。对于因"问题父母"而出现问题的孩子，与青少年相关的公益组织或私人团体会给予专门的帮助，所以"问题父母"也没有必要来做咨询。对于那些投身青少年相关工作的人，我深表尊重和感激，他们用无限的耐心和爱呵护孩子的场景令人感动。如果不是具有强烈的使命感，这份工作很难坚持下去。

有些时候，父母没必要来做咨询，我会让他们在家里先做一些力所能及的尝试。比如在家里张贴"家庭会议实施方针"和"希望教育法事项清单"，开始实施希望教育法。很多父母照做后效果显著。家庭也需要经营，在职场打拼的父母对这个说法并不陌生。我希望各位父母在读过本书后可以明确希望教育法的原理和概念，做教育孩子的主体。

自有一套教育哲学的父母在见到我之后，很快会恢复自信。因为身边的人都在奉行"匮乏"心理学，所以他们也苦恼过，纠结是不是应该放下执念。可当他们按照"匮乏"心理学的指导方针去教育孩子，反而更焦虑了。他们明知道自己的想法是正确的，却因为周围没有人这么做而不敢实施，担心自己被认为是特立独行的人。有个不恰当的比喻，一个拥有两只眼睛的人，生活在所有人都只有一只眼睛的社区，结果被认为是"多一只眼的残疾人"，并因此陷入悲观。某天，造物主在他的梦里出现，告诉他拥有两只眼睛的人才是正常人，或者去国外旅行的时候，他发现其他国家的人都拥有两只眼睛，这才明白原来自己是正常人。

父母根据希望教育法事项清单核对事情进展情况的过程，可以看作园丁种下种子后用心打理的过程。不播种就不会有收获，不打理的庭院自然无法让人觉得赏心悦目，家庭也是一样。果园一年四季都需要人悉心照料，每个阶段都有该完成的任务：剪枝、定苗、包袋、打药、锄草、扶苗、收割、储藏等。子女教育也是如此，父母可以通过事项清单来确认每日任务，再以周和月为单位去检查。

传递智慧比普及知识更重要

人生的智慧在于连接性经验，而不在于成果性经验

人生经验大体可分为两种：成果性经验（事情）和连接性经验（爱）。学校是帮助孩子积累成果性经验的地方，而家庭则是帮助孩子积累连接性经验的地方。然而，当代父母把关注点都集中在积累成果性经验上，本应用来获得连接性经验的精力也都用在追求成果性经验上，所以孩子们从小就被送到各种教育机构。他们在结束长时间

的学校学习后还要去补习班，甚至连休假的权利也被剥夺。在这种情况下长大的孩子毫无连接性经验，他们的人生是不完整的。韩国人的幸福指数排名靠后可能也与此有关。

想要获得连接性经验，就要内外兼修；想要内外兼修，就要学习艺术。如果孩子有一种擅长的乐器，那是极好的。另外，想要获得连接性经验，就必须有亲和力。虽然未来社会将受益于以AI为主的高科技，但相对来说，人们因缺乏人际关系而产生的空虚感会更强。所以，在未来，喜欢与人相处、擅于待人接物、亲和力强的人会更容易被认可和喜爱，幸福指数也会更高。幸福是从关系中获得的，所以人们才会这样定义幸福：幸福就是和亲近的人愉快地度过有趣的时光。

如果学校是教授生存技能的地方，那么家庭就是教授幸福技能的地方。学校教授的是知识，家庭传递的则是智慧。知识的传授者为教师，智慧的传递者则为父母。智者更懂得如何灵活运用自己所拥有的知识，知识也需要靠智慧才能大放光彩。所以，各位父母一定要时刻记住，自己才是教育孩子的主体。

进行机智 (shrewd) 教育

在做心理咨询的过程中，我发现很多夫妻面临人生危机都是因为丈夫上当受骗，比如给朋友做担保，或者把房子抵押出去，或者被骗走了退休金，等等。所以，韩国人很难轻易相信他人，父母也会担心孩子交的朋友是否值得信赖。

人类想要在这个世界上生存下去，不仅需要与生存相关的知识，还应该保持机智，防止上当受骗。在希伯来语中，这被称为"shrewd"，表示"机智"。英语中的"shrewd"一词借用了希伯来语的发音，但其意义不同。虽然shrewd也可以翻译成智慧 (wisdom)，但智慧和机智是不同的概念。如果翻译成韩语，我认为"机智"更恰当。shrewd一词源自《新约》，耶稣认为自己将弟子派到人间的行为就好比"把羊送进狼窝"，因此他嘱咐弟子："你们既要像鸽子一样单纯，又要像蛇一样机智。""像蛇一样机智"就是"shrewd as snakes"。这世界永远都会有坏人和骗子，所以人类必须保持机智，才能避免上当受骗。和犹太人的孩子一起上学的美国孩子曾表示：犹太人非常机智，无论发生任何情况，他们都可以应对自如，不会掉进他人设的圈套，通常情况下他们不会上当受骗。

根据《新约》记载，耶稣的敌人曾给他出过一道题，想让他陷入两难的境地，耶稣却机智地化解了这场危机。这个难题是：犯了通奸罪的女人，是赐死还是放她一条生路？如果赐死，世人会说耶稣冷血；如果放她一条生路，他又违反了戒律。进退两难之际，耶稣在地上写了一行字："只有无罪之人，才可用石头砸她。"围观群众中因这句话良心受到谴责的，纷纷放下石头回家去了。

从孩子小时候起，就对他们进行法律教育才能使他们变得机智。犹太人会在孩子3岁的时候开始对其进行法律教育。接受过法律教育的人，对待事情会很谨慎，绝不会随随便便。他们懂得自我克制，处理事情的能力也非常强。犹太人遵守"摩西五经"中的613条戒律，其中包含248条许可命令和365条禁止条例。"摩西五经"和犹太教法典中包含宗教法、良心法、伦理和道德法、现行法等生活和思考都需要用到的法律，涉及范围如此之广的法律对犹太人的人性教育产生了巨大的影响。

我让父母组织家庭会议的原因也是如此。只有明确了什么能做、什么不能做，父母才能树立权威，孩子才能变得机智。韩国父母大体上都是纵容型和过度型父母，他们的问题在于对孩子过于松懈，所以孩子毫无责任感，生活不能自理，也不懂得自我克制。召开家庭会议，既可以让孩子学会如何协调不同的意见，又可以使父母成为孩子的榜样。

致上瘾的孩子

对于懂得自我调节的孩子来说，玩游戏是在充电

很久以前，有位母亲因正在读高三的儿子的问题前来咨询。这孩子每天结束晚自习到家已经12点了，洗漱完毕后他还要玩一个小时游戏，为此母亲十分焦虑。本来高三就很辛苦，玩游戏又占用了睡眠时间，这位母亲心里很不是滋味。我问她，孩子有没有因为玩游戏而影响第二天一早起床的情况，她说到目前为止还没有，而且这孩子的成绩一直很稳定，自我管理做得也很好。如果孩子已经做好了自己分内之事，那么玩游戏是他在休息。所以，我建议这位母亲不要干涉此事，把用在儿子身上的精力放在自己身上。

　　面对对智能手机和游戏上瘾的孩子，很多父母知道不能简单地"禁止"，要和孩子说明具体的理由。如果不知道具体该说些什么，可以参考下面的内容。

　　第一，要了解智能手机和游戏的用途。智能手机，顾名思义就是智能的物品，具有多种功能。能充分利用智能手机的人会受益匪浅，它对学习和运动都极有帮助。但如果只把智能手机当作消磨时间的工具，用它来看视频或者闲聊的话，那它就只是游戏机或视频播放机。游戏，顾名思义就是娱乐。为了做更重要的事，我们需要用娱乐的方式来充电，娱乐可以让我们在生活中感到快乐和幸福。一个人可以尽情享受游戏，说明他处于一种稳定的状态，他的安全是得到保障的。孩子在父母膝下时，父母作为屏障保护着孩子，长大成人后，他们要靠自己竖起一道保护的屏障。在人生的准备时期沉迷于智能手机和游戏不能自拔的人，未来可能无法享受智能手机和游戏带来的好处。在这个世界上，没有任何地方允许人们一天到晚只看手机或只玩游戏。

　　第二，如果智能手机是我们的一部分，那它也是为了服务于我们，就像各个器官都是为了服务身体而存在一样。对于当代的孩子来说，智能手机确实是他们的一部分，因为他们从出生开始就握着智能手机，夺走智能手机就好比摘除他们身上的某个器官。被夺走智能手机的孩子好像少了某个感觉器官，那种不便可想而知。假设我们在山里遇到了野猪，或者在路上碰到了强盗，我们的心脏会加速跳动，向全身供血，让身体做好战斗或逃跑的准备。另外，在这个过程中，肾上腺素的分泌让我们的身体极为敏感。试想一下，本来相互合作的各个器官，如果某天开始相互攻击，会怎么样？如果某天我们的拳头不停地挥向自己的头部会怎么样？恐怕我们会晕倒，大脑会受到严重的损伤。过度使用智能手机或对游戏上瘾的危害就是如此，不合理地使用智能产品的行为无异于自杀。

第三，智能手机和游戏是配菜。家庭式餐厅的菜单上有主菜和配菜，如果点牛排的话，就要搭配酱汁和蔬菜。这里牛排就是主菜，而酱汁和蔬菜则是配菜。可如果牛排只有10%，而蔬菜和酱汁占到90%的话，你会作何反应？你应该会当场质问服务人员，而且不会再去那家餐厅了。如果说智能手机和游戏是配菜，那么主菜则是我们该做的事情。对于大人来说，工作就是他们的主菜。对正处于人生准备期的孩子来说，学业或正在学习的技术就是他们的主菜。为了完成学业（主菜），智能手机和游戏（配菜）当然是必不可少的。再说，使用智能手机和玩游戏也能帮助孩子有效缓解学业压力。

第四，过度使用智能手机、过度沉迷游戏会让人变得愚笨。人在使用智能手机和玩游戏时，快乐中枢被激活，加上肾上腺素的分泌，其效果等同于吸毒。这会使人失去思考的能力，使人无法认真且深入地思考，极度讨厌复杂的事物。所以，生活中稍有不顺，他们就会拒绝面对，以沉迷游戏或智能手机的方式逃避。在未来，努力并不意味着有保障。未来社会需要有综合思考能力的人，"努力思考（think hard）"比"努力工作（work hard）"更重要。想培养孩子的综合思考能力，不仅需要丰富他们的经历，还需要通过阅读来拓宽他们的思路。未来是跨界（cross over）的时代，所以创意也很重要。有创意的人可以将看似风马牛不相及的元素结合在一起，可从小就对智能手机和游戏这类单一性刺激上瘾的孩子，是无法形成这种能力的，或者有一定能力却无法灵活运用。如此简单的人是无法适应社会的，他们最终会成为社会边缘人或贫困人群。对于有准备的人来说，未来是东升的旭日，可对于毫无准备的人来说，未来就是无边无际的黑暗。

未来学者们预测，未来贫富差距会越来越大。

第五，沉迷智能手机和游戏的人不懂得如何维护人际关系。人是群居动物，可智能手机和游戏却可以独自操作。人如果太过沉溺于自己的世界，与他人缺乏交流，就无法学会如何和他人交往。哈佛大学教授霍华德·加德纳（Howard Gardner）提出的多元智能理论将人类智能分为八类，他曾特意强调过其中的"自我认知智能"和"人际智能"。可见，社会越是发展，喜欢和人相处、有丰富的与人交流的经验的人就越容易成功。学生时代正是结交人生挚友的时期，要想交朋友就要花很多时间与对方相处，无论是一起学习还是一起运动。只有与人相处才会形成亲密关系，如果一直独处就会错失交朋友的机会。未来社会不再是竞争的时代，而是共赢的时代，共存之法是每个社会成员都要熟记在心的。另外，良好的人际关系还是幸福和长寿的秘诀。有人曾对世界长寿村做过调查，结果显示，长寿的人住在空气良好的地方，饮食较为清淡。还有一些人虽然居住环境较为恶劣但也能长寿，秘诀就在于这些人身边有很多好朋友。也就是说，良好的人际关系是长寿的条件之一。过度沉迷智能手机和游戏的人，自然不懂得如何与人交往，也会错失交到好朋友的机会，幸福和长寿也就无从谈起。

第六，为了更好地享受人生。享受人生的前提是有相应的能力，如经济能力、认知能力、人际关系能力等。有能力的人因为自己的能力得以享受人生，这既是特权也是幸福，谁都无权指责与干涉。想要拥有各种能力，就要在人生准备期好好做准备。去野营的时候要准备帐篷和食物，才能享受野营的乐趣。如果没有帐篷和食物，野营还有乐趣吗？

在只有1袋种子的情况下，农夫宁死也不会吃，因为种子是未来的保障。没有食物就把种子煮熟吃掉，就等于下定决心去死。只有拼死留下种子才能保证下一年的收获。在人生准备期过度沉迷智能手机和游戏，就等于提前把种子煮熟吃掉，长大成人后就会变成无能之人。没有种子，当然不会有收获。

将孩子培养成懂得给予的人

给予也是一种力量。几年前，因为要主持夫妻研讨会，我需要去郁陵岛。由于台风刚过，前往郁陵岛的船只能否出航还是未知数，于是我便去了浦项市，没想到在浦项得到了几个人的帮助。帮助我的人之前曾听过我的公益讲座，那次的讲座以"分享的生活"为主旨，是在新年第一天做的。当时有几名本地人兴致勃勃地来听了讲座，那时我给予他们的善意如今又回到了我自己身上。他们听说我到了浦项，便欣然前来迎接。我提到郁陵岛一事，他们让我安心，还帮我找到了一艘可以正常出海的船。无论你承认与否，人都是在互相帮助的过程中走完这一生的。我的小小善意对他人来说也许就是莫大的力量，他人的举手之劳对我来说也可能是莫大的力量。归根结底，我们在生活中需要互相帮助。我们曾给予他人的好意某一天也许会重新回到自己身上。这也可以看作一种保险。

有一种说法是"施洗约翰的喜悦"，意思是看到朋友幸福开心的模样，我会更加喜悦。这种喜悦在新婚之夜比较常见。试想一下，即将迎接新婚之夜的新人心中该有多么欢喜啊。这时候真心为他们开心，甚至比他们本人还要欢喜的朋友就是真正的朋友。自私自利的人无法交到真正的朋友。富人们的生活哲学也是如此：宁失钱财，不能失人。归根结底，人才是最大的财富，我们无法脱离人际关系去追求幸福。

　　我认为，孩子们生于丰裕的时代却依然不幸福的原因是他们过于自私。自私的人的幸福指数远低于利他的人，因为人类的幸福基本上是从人际关系中获得的。利他的人通常拥有良好且丰富的人际关系，而自私的人却并非如此。人际交往也是一种需要，与人交流越多，获取的能量就越多。不过，我说的人际交往是深层次的用心的交往，而不是我们日常生活中随处可见的肤浅的人际交往。工作能力强、人际关系能力弱的人有可能会感到不幸福。反之，人际关系能力强、工作能力稍弱一些的人幸福指数可能很高。

　　如果父母希望孩子将来过得幸福，就要培养他们成为利他的人。过去生活在农村的人在过节时会做煎饼、凉粉或者豆腐，父母会让孩子给邻居送去一些。这就是在教育孩子做人要懂得分享。邻居家做了什么好吃的也会送来一份。这种往来的过程既是一种交流，也是积累感情的方式。这便是过去的人性教育和幸福教育。如今人人都住在公寓楼里，这也许可以完美地保护个人隐私，但邻里之间明显缺乏往来。大城市的人口密度很高，但人与人之间缺乏交流。现代人的精神疾病大多数是孤独所致。

拥有丰富人际关系的人基本上都是懂得给予的人。如果想和某人成为亲近的朋友，就要经常与他见面交流，珍视他。不经常见面、毫无交流，甚至疏忽经营的话，就算关系再亲近的人，彼此也只能渐行渐远。

先学会感同身受和提问，再实施希望教育法

先修复关系，再实施希望教育法

从表面上来看，希望教育法是一种以父母为中心、树立底线和原则的教育方法，但这并不等于希望教育法就是教育子女的万能钥匙，具体情况还要具体分析。父母可以尝试实施希望教育法，但如果盲目依赖它，就可能导致自己和子女之间的关系恶化。希望教育法从表面上来看是为了减少孩子的不当行为，但它的终极目标是让父母能够读懂孩子内心深处的想法，双方能够和睦相处，最终将孩子培养成有能力的人才。

希望教育法不是万能钥匙

L先生的独生女从初中二年级开始锁房门睡觉，她还会对着挂在墙上的全家福乱砍乱画。而且，这孩子既不和爸爸对视，也不和爸爸说话。如果爸爸在家，她绝对不会在餐桌上吃饭，而是自己点外卖。无论爸爸说什么，她都以谩骂的方式来回应。L先生也曾尝试过和她谈一谈，但最终还是没能忍住怒火打了她，孩子的心门因此闭得更紧了。有一天，L先生发现了我的希望教育法，之后便启动了家庭会议，明确了孩子行为的底线和原则，可孩子反抗得更厉害了。孩子小的时候明明和爸爸好得像一个人，可到了初中二年级后却完全变了，像是有不共戴天之仇的仇人。每次L先生试图改善关系都以失败告终，怒不可遏的他最后失言道："你再这样我就把你送到精神病院去。"在实施希望教育法后，L先生和孩子的关系却恶化了。

偶尔会有这样的情况：某些父母在读过我的书之后

恍然大悟："就是这个方法！就应该这么做！"自己单方面实施希望教育法后，情况却越来越糟糕。如果父母不先修复好和孩子的关系，只一味地实施希望教育法，可能会对孩子造成更大的伤害，孩子心中的围墙会越来越高。父母在实施希望教育法之前应该先弄清楚，孩子出现不当行为到底是因为亲子关系，还是因为他们从小就被养育成了"国王"。对于有些父母来说，在实施希望教育法之前应该先修复和子女的关系。父母应该学会与孩子感同身受，倾听孩子的心声，给予孩子安慰和拥抱，以孩子为中心。在修复关系的过程中，孩子的不当行为自然消失的情况不在少数。强行实施希望教育法是行不通的。

L先生一家的亲子关系在孩子小的时候非常好，孩子稍微长大一些后，彼此却发展成了仇人，其原因在于，父母把孩子当成了"吉祥物"。所谓"吉祥物"，就是一直很可爱，随时可以被拿出去炫耀的东西。孩子小时候很容易被当成"吉祥物"，可爱、有才能、学习好，经常一副楚楚可怜的样子求大人抱。小孩就像宠物一样，只要一直保持可爱再撒撒娇就可以衣食无忧，还能拥有自己的房间。孩子小的时候，父母会觉得这就是自己理想中家庭的模样，别人看到也会心生羡慕。可是在成长过程中，孩子的"自我"会渐渐觉醒，他开始寻找自己的目标，发现自己的欲望，展现自己的个性。一直以来，孩子都是父母的一部分，如今他即将成为一个独立的个体，这是人类发展过程中再自然不过的现象，然而一直把孩子当作"吉祥物"来养育的父母，会觉得自己被孩子抛弃了。

把孩子当作"吉祥物"来养育的父母和孩子的关系就像主人和宠物的关系，父母只愿意接受孩子可爱的一面、学习好的一面、有才艺的一面，孩子的绝望和伤痛、孤独和悲伤以及愤怒等情绪他们却不能接受。因为在这样的父母看来，"吉祥物"身上出现负面情绪本身就是一种罪恶。孩子感到悲伤时，他们会说"你有什么可悲伤的，来笑一个"，或者"你有什么可生气的，应该一直保持可爱才是"。孩子在这个过程中丝毫感受不到自我的存在，会变成心理上的孤儿。孩子在心理上会有持续的被拒绝感，这种感受积累到一定程度就会以愤怒的形式爆发。父母不能简单地把孩子的愤怒理解为一种行为，那其实是孩子在挣扎中寻求自我。值得庆幸的是，虽然L先生把孩子当成了"吉祥物"，但孩子的妈妈并没有这样做。妈妈还可以和孩子正常交流，事情也就还有转机。在这种情况下，实施希望教育法的主体就应该从爸爸换成妈妈。妈妈可以一点一点地树立底线和原则，通过孩子的反馈来矫正她的行为。而L先生则应该把"吉祥物"的鸟笼打开，将孩子放飞到天空中，任其自由自在地飞翔，让孩子不再作为父母的一部分而生活，而是作为一个完整独立的自我自由飞翔。"随她吧（let her go）"，父母应该有这样的心态。对L先生这样的家长来说，放手让孩子去过独立的生活后，自己的生活会陷入无力和空虚之中，所以做出这样的决定甚是艰难。实际上这并不难，反而是值得高兴的事。这代表孩子不再是父母怀抱中的婴儿，他可以展翅高飞了。如果孩子从小就和父母建立了深厚的感情，有健康的亲密关系，那么他们独立飞行之后，觉得疲惫时还是会飞回父母身边稍作休息。

之后会发生什么事呢

父母在和孩子交谈时，应该多问这个问题："之后会发生什么事呢？"孩子有时会因为情绪激动、行为冲动，或主观认为自己受伤等原因威胁父母，声称自己会做出极端行为。通常父母都会害怕孩子真的那么做，进而答应他的要求，或者求他不要那么做。结果孩子成了主人，而父母成了仆人。

孩子说"我要杀了你""我要去死""我要一把火烧死你们"，那其实是一种情绪激动的表现。孩子处于丧失理智的状态中，父母应该接纳孩子的情绪，但对于孩子讲话的内容，父母则应该严肃地回应："这种话不能乱说""说这种极端的话之前要三思""这种话以后不许说"。父母也可以尝试提问："然后你打算怎么做？说完这话之后会发生什么事呢？"

有时孩子可以马上回答，有时也需要一些时间来思考。这时父母可以这样说："说完这话之后会发生什么事呢？晚上9点的时候咱们详细谈谈吧。"这样一来，孩子就有时间去思考，就算不思考，到了晚上9点他也会说出自己的想法。

从三个层面来分析问题

我们在讨论问题时，应该从"人""过程""环境"三个层面去分析。并不是所有的问题都出在孩子身上。

比如，孩子说"我不想去学校"的时候，父母不该无条件地认为问题出在孩子身上，而是要观察一下问题是否出在过程和环境上。父母还要把当下需要解决的事和可以留到之后再解决的事区分开来。如果不想去学校的原因在于孩子自己，那么有可能是孩子过于懒惰。如果孩子经常熬夜玩游戏或者晚睡，早上就会迟到，经常迟到就会被按照缺勤处理，久而久之孩子也就不愿意上学了。如果是过程的原因，就要观察一下学校的教学内容和教学方式。如果是环境的原因，就要确认一下学校的学制，教学科目比例，教师是否有问题，同学们的情况，有无校园暴力，是否有让孩子感到不适的同学，等等。从三个不同的层面去分析问题，可以看到不同的观点，也可以更深入地了解问题的性质和程度。

问题取决于我们如何看待它。所以，如果是学校的教学或环境问题导致孩子厌学，父母应该给予安慰和激励，给予孩子可以帮他们克服困难的勇气。一味地指责孩子、批评孩子懒惰，等于在孩子的伤口上撒盐，孩子只会更难过。

此外，父母可以尝试进行"奇迹提问"，或者问一些"意想不到的问题"。比如，"如果你是校长的话，你想打造一个什么样的学校呢？"，这样就能知道孩子心中所想了。所谓"奇迹提问"，就是让孩子思考一下自己取得特别成就的时候是什么感觉。比如，"如果你高考考了满分的话，想去哪所大学呢？""如果你在选秀节目中获得了第一名会如何？"等。这就相当于问大人"如果中了彩票你会怎么做"。通过"奇迹提问"，我们可以了解孩子内心深处的想法。

我在心理咨询现场见过很多人生因提问而改变的来访者。很多人会醒悟，并不是因为在咨询中得到了共情的慰藉，而是因为提问。被提问的一方在不断思考的过程中就能发现并解决问题，比如，有人因为某个问题寻死觅活，但通过被提问，他慢慢想明白了这个问题并没有那么严重。想明白了这一点，问题就不再是问题了。有一位曾找我做心理咨询的朋友，他性格过于耿直，认为很多事情都有问题。于是，我向他提问："你认为阿谀奉承是一种能力吗？"被提问后他方才承认，一直以来自己的思维方式都被限定在条条框框里。阿谀奉承当然是一种能力，有这种能力但不这么做，和根本没有这种能力是两回事。想要奉承某个人，就要了解对方的长处在哪里。想要了解对方的长处，不仅要有卓越的洞察力，平时也要细心观察。

　　同样，子女也应该懂得奉承父母，应知晓奉承之道。心思细腻才能把握住时机，随机应变能力强、通晓处世之道的孩子是懂得称赞父母的。相比其他人，孩子的称赞更能让父母感到幸福。如果一个孩子通过称赞父母成功得到了自己想要的东西，我们不应批评孩子过于圆滑，而应该为他的灵活和机智点赞。这样的孩子即使被困在沙漠里，也一定能活下来。台风来临时，大树会被连根拔起，但芦苇绝对不会，因为芦苇会随着风向灵活摆动。不要说芦苇柔弱，我们应该为它面对台风时的灵活性点赞。

学习的十大理由

　　很多父母因孩子不爱学习、讨厌上学来找我做咨询。孩子出现这样的情况当然有自身的原因，但学习方法和学习过程以及学校的制度对孩子的影响也不能忽视。如果问题出在这些方面，那么孩子不想学习的心情可以被充分理解。在理由明确的情况下，父母应该寻找可代替学校教育的解决方案。但如果孩子是因为自身懒惰而不想上学、不愿学习，那毫无疑问是"暴君"行为。

　　一味地让孩子学习的父母有很多，但关于人为什么应该学习，很多家长却不知道该如何解释。下面是我列出的应该学习的十大理由，各位家长可做参考。

　　第一，上学和学习是种特权。即使在当下这个时代，也有很多人因饥荒而死。很多极度贫困国家的孩子因父母太穷而不能上学读书，还有很多孩子在饥荒和战争中失去了父母，他们连生计都难以解决，更别说学习了。"特权"这个词乍一看有些难以理解，但实际上，可以去学校学习，可以不考虑生计问题，专心为未来人生做准备就是一种特权。《如果世界是一个村庄》(*If the world were a village*)一书中曾提道："如果世界是一个有100个成员的村庄，那么应该有38个处于学龄期的小朋友。但这38个人中只有31个可以去学校学习读书写字，其他孩子无法上学。他们中的一些人为了生计每天都要在农田或工厂里辛苦劳作，还有一些要帮衬家里。这100个人中有7个人永远都没有机会学习读书写字。"

　　书中还有关于生活环境的描述："在地球村，有40个人生活在没有水的地方，有17个人不识字，有20个人日均生活费不到1美元，有24个人生活在没有电的地方，只有24个人拥有电视机，7个人拥有电脑。"

第二，上学和学习是我们为未来人生做准备的过程。只要你出生在地球上，无论生活在哪个国家，无论生活在什么样的社会中，都要去学校学习，这是社会规则，与我们的个人意志无关。国家的义务教育政策意味着到了一定年龄，上学就是我们必须完成的义务。缺少学校教育这一环的人，不具备成为社会成员的基本资格，无论走到哪里都没有立足之地。学校是教授基本生存技能的地方，在校期间成绩优异的孩子，他的人生有基本的保障。这样的孩子未来有生存保障，还可以享受作为优秀人才的特权。可见，学习好是一件会让人受益匪浅的事情。毕业于名牌大学的孩子能找到高薪又稳定的工作，还能收获相应的社会地位和名誉。

第三，即使是讨厌的事，也要试着去做。人只有在婴幼儿期才可以随心所欲地生活，其他时期都无法只做自己想做的事。这世界上没有任何一个人可以只做自己想做的事。明明是讨厌的事却不得不去做，明明是想做的事却不能马上去做，这才是人生常态。要做到这一点，就必须具备自我控制力。自我控制力是获得成功必备的品质，自我控制力越强的人越容易获得成功，幸福指数也越高。所以说，即使心里一万个讨厌，我们也还是要上学，还是要学习。在讨厌的事中也能捕捉到乐趣的人才是真正的智者。

很多孩子宣称将来要做自己想做的事，比如当漫画家或游戏竞技职业选手。孩子们以为每天把时间花在这上面，将来就可以成为漫画家或游戏竞技职业选手，真是太无知了！想做漫画家，需要的不仅仅是绘画技术，而且要了解大众的兴趣爱好和关注点，还要具备政治、经济、文化、历史、心理、哲学、语言、伦理等方面的相关知识。不具备这些条件是无法创作漫画的。可能有的人会因绘画实力出众而获得暂时性的认可，但如果长期无法创作出优质内容，他就会失去光环。所以，想要做漫画家就要持续不断地学习。游戏竞技职业选手也是一样，当你成为职业选手的那一瞬间，就等于开始了学习的过程。一旦设定了竞争目标，游戏就不再是单纯的享乐行为了。想要做游戏竞技职业选手就要先签约经纪公司，这也是一个层层选拔的竞争过程，也需要持续不断地学习。

第四，学习才是人类最大的快乐。我在前面已经提过这一点，在这里就只做简短说明。当然，这里说的学习不单是学校里的学习，还包括因好奇心而引发的对世界的探索。从结果来看，学习是为幸福生活提供能源。

第五，学习就好比挖池塘。这一代孩子的父母生活在挖井的时代，挖井要抢占先机，要抓紧时间找到水源，之后的人生便可衣食无忧。但现在可不是挖井的时代，当代孩子需要挖的是池塘，要挖得广，挖得深，就需要多人合作，一个人是无法完成的，且挖池塘带来的收益是属于集体而非个人的。雨水、稻田水、井水、溪水都可以用来填满池塘，池塘里灌满水后水草开始生长，池塘里有了生命体，池塘自然也就产生了自我净化的能力。而且，池塘的用途很多，可以做农田的储水塘，可以种植荷花，还可以改为钓鱼场，或者开发成能划小船的游乐场。注满水的池塘，用途广泛，池塘里储存的水，也可向各个方向排出。同样的道理，基本素养良好的人，无论在哪个领域都可以获得成功。

第六，有一定文化底蕴才能享受高雅艺术。学校的教育以语文、数学、英语这三个科目为主，还包括音乐、艺术、体育以及基本的人文社会科学内容。人生在世，不是吃饱饭就可以了，我们还要发现生活的意义和价值，享受文化和艺术的滋养。没有基本素养的人是无法领略艺术的魅力的，越是文化底蕴丰富的人就越能体会到高雅艺术的魅力。比如，对于毫无文化底蕴的人来说，歌剧或音乐剧这样的文化演出肯定无聊至极，即使他们观看了演出，内心也一定毫无波澜。可对于了解相关知识、懂得欣赏的人来说，观看文化演出就是无比幸福的体验。演出可以带给自己满满的幸福和感动，票价贵一些又何妨，懂得兼顾学习与娱乐也是一种智慧。当然，对于有些孩子来说，学习的同时兼顾娱乐也可能会成为一种负担。但总而言之，扩大学习面，会让一个人的世界变得更丰富。韩国大提琴手张汉娜女士在前往哈佛大学进修时并没有申请音乐系，而是申请了哲学系。原因在于，只靠技巧并不能完成音乐创作，音乐里包含了整个世界和人生。所以，作为音乐家的她，选择攻读哲学来进修人文方面的内容。

第七，学习是为了不陷入懒惰的深渊。如果什么都不做，我们并不会感到一身轻松，恰恰相反，我们的大脑会生锈，进而被社会淘汰。在本该努力学习的阶段，如果什么都不做的话，最终只会成为一无是处的人。如果一个人没有文化、不好相处、无法沟通，再加上难以调教的话，那么他只是生物学意义上的人，本质上和动物没有多大区别。所以，如果不学习，我们很难被称为人，实际上不过是可以同时使用左右脑的高级动物。

第八，学习可以使人体验更广阔的世界。去国外旅行通常有两种方式——自由行和跟团游。跟团游，顾名思义，就是日程、就餐、住宿、游览等事宜都由旅行社来定。跟团游虽然方便但剥夺了个人的自由选择权，所以很多人还是尽可能选择自由行。一些既不懂外语又没有足够资金的人就不得不放弃自由行，经济条件较好、外语实力较强的人也没理由选择跟团游。一个人通过学习成为有能力的人之后，他的世界也会随之变得更广阔。学习好的人在同样的时间里可以获得更多的人生体验。

第九，通过学习可以学会如何取得成果。考试前，所有人都会去自习室或者图书馆努力备考，可考试结果却千差万别。能否取得好成绩在于学生是否真的会学习，而不在于付出了多少时间。学习的结果能通过成绩体现出来，想要取得好成绩就要掌握科学的学习方法，也就是反馈。不太擅长学习的孩子面对考试只会盲目地看书复习，而擅长学习的孩子则懂得通过反馈来判断自己的学习进度和不足之处。擅长学习的孩子学得越多，就越清楚自己对知识掌握到了哪一步。而且，这样的孩子会安排自己的学习节奏，即使考试将至，他们也会不慌不忙、自信满满地去面对。不仅学习，人生处处都需要反馈，日常生活、婚姻生活、职场生活都需要反馈。学习是我们人生中首次体会回顾、确认、检查、进一步完善的过程，不会学习的人不懂如何反馈。

第十，临界质量原则。这一点和我前面提到的挖池塘的故事有些相似，池塘必须注满水才有用，否则只会被荒废。我在几年前见过池塘因春季严重干旱而干涸露底的情景，池塘底部干裂得像乌龟的背壳，本该是鱼儿自由地游来游去的空间，不仅杂草丛生，还出现了各种奇怪的生物。所谓临界质量，是指只有到达一定量变才会引起质变的物理法则。去学校学习能让孩子获得走向世界所需的基本素养，如果这一时期孩子既不去学校也不学习，日后就会变成无法被利用的池塘，还是因缺水而极度干旱的池塘。

父亲们需要集体"复活"

当下，因孩子极度厌恶父亲的情况来做心理咨询的越来越多，很多孩子都觉得母亲可以任由自己欺负，但欺负父亲就没那么容易了。大多数父亲扮演着时而对子女漠不关心，时而又严厉批评子女的角色，可孩子们根本不愿意听这些批评。很多孩子在一次又一次的批评之后，在挨过打、留下创伤之后，再也不把父亲当作一个活生生的人来对待了。他们绝不会和父亲一起吃饭，坐在沙发上看电视的时候如果父亲突然回家了，孩子就马上回自己的房间，还会不停地发短信跟母亲确认父亲是在客厅还是在餐厅。

过去父亲是典型的机能不全家庭的形象代表，他们无知、专制又霸道，而当代的父亲虽然没有这些特征，可在家里还是不受欢迎。过去父亲和子女的亲密度较低，被讨厌也是理所当然的，可如今即使父亲和孩子的亲密度已经超过了母亲和孩子的亲密度，父亲还是会被嫌弃。很多父亲因此感到失望，他们本以为自己和孩子会一直亲密无间。以前看到自己都会张开双臂要求拥抱、毫不犹豫亲亲自己的孩子，如今却变成了一个贴着"禁止靠近"标识的"柱子"。稍微靠近，孩子就一脸嫌弃，好像看到了令人厌恶的虫子。为此，父亲们甚是心痛。

因为孩子们戴着同款有色眼镜，所以对父母的不满也都一模一样。无论是好父亲，还是坏父亲，父亲这个身份就足以让孩子们嫌弃了。很多父亲在家里都没有自己的一席之地，明明是自己的家，回家后却有种去了不该去的地方的感觉。而且从为人夫的角度来讲，妻子对丈夫也会有很多要求。其中大部分要求都涉及关系，这也让父亲们倍感压力。也正因如此，很多韩国男性都患有"逃避回家症"和"回家恐惧症"。既然父亲不再有权威，家中自然没有他的立足之地，父亲这一角色的功能价值也显著下降。

即便如此，父亲们也应该勇敢站出来，因为父亲们手里握着孩子二次诞生的接力棒。孩子的首次诞生是在母亲的怀里完成的，二次诞生则在父亲这里完成。社会学中有"过渡仪式（passage rite）"一词，孩子从母亲的怀里去到父亲怀里的过程便是一种过渡仪式。父亲的任务是培养孩子独立的能力，孩子表现得软弱、懒惰、有暴君行为大多是因为父亲没有切实履行自己的职责，父亲们必须正视这一现象并勇敢地站出来做子女教育的主体。万幸的是，同样一句话，由父亲来说要比母亲说更有力量。所以，通常情况下，母亲重复了10次的话，父亲只需说1次就可以看到效果。但是，已经丧失了权威的父亲的话是无效的。所以，宁做专制型的父母，也不要做纵容型的父母。

你以为是放养，其实是坐视不理

我在夫妻研讨会上或夫妻咨询的过程中，提到子女问题时，很多父亲会说自己是放养，坚信不管孩子，他们也能茁壮成长。听父亲们说家里的事，我发现他们没有一个是教育的主体。他们没时间和孩子相处，就算有时间和孩子相处，他们也不知道该做些什么，也没人告诉他们该怎么做。世界上没有一个地方可以教人如何做父亲，他们无处学习。他们要么认为对孩子好就是好父亲，要么努力做一个和自己的父亲截然相反的父亲。实际上，这种做法不是放养，而是坐视不理。所谓放养，是指让孩子在设定好的框架之内自由成长，早晨为孩子把门打开，晚上迎接孩子回家，并随时观察孩子周围有无窥伺的"捕食者"，必要时还要为孩子出头，打退凶猛的"动物"。

大家知道鹰嘴桃和水蜜桃的区别吗？鹰嘴桃是野生桃，果核较小，不能生吃，待外观呈青绿色时方可食用。而生长在果园里的水蜜桃果实肥硕、色泽诱人，味道也很甜。两种桃树的外观也大不相同，鹰嘴桃树长得比较随意，而果园里的水蜜桃树都是倒三角形的。大树的根部会长出三四根树干，它们又分出若干枝杈，待到成熟时，树枝上就会硕果累累。我上中学时，学校开设了农业课程，到现在我都对曾在课程中接触到的天然农作物记忆犹新。果园的工作人员每年都会修剪果树长出来的分枝，并通过定苗来确保果实的数量，这样一来才能结出卖相与口味俱佳的水蜜桃。如果不管理，果园里的桃树就只能结出鹰嘴桃。

子女教育也是如此。很多孩子明明是果园里的桃树，却因父亲坐视不理长成了野生桃树。在孩子结出硕果的过程中，父亲这一角色是不可或缺的。果树成形时，应果断砍掉多余的部分。园艺师在打理庭院时，也会提着剪刀果敢地剪掉那些过度生长的、没用的、已经腐烂的枝叶，父亲也应如此。汉字中"父"字是象形字，用斧头来代表父亲的形象，也就是说父亲象征着力量和权威，是家里的主心骨。

玄容洙博士在其著作《爸爸决定智商，妈妈决定情商》中曾提出，父亲应扮演好四个角色：支持者（Supplier）、引导者（Guider）、教育者（Instructor）和保护者（Protector）。各位对孩子坐视不理的父亲可以据此判断一下自己是否合格。从支持者的角度来说，韩国的父亲是世界上最棒的。为了妻儿，他们拼命工作，他们愿意远赴德国做矿工，愿意冒着生命危险去越南参战，也愿意去中东的沙漠里生活，韩国男性的奉献精神可以说是世界第一。他们是100分的支持者，可其他三项都是0分。虽然有个别父亲履行了保护者的角色，但这样也只能勉强拿到一半的分数。所以说，各位父亲再怎么尽全力去工作，作为父亲都是不合格的。很多生活在韩国的父亲甚至不知道自己还肩负着引导者和教育者的责任。

支持者和保护者是物质方面的，引导者和教育者则是精神方面的。父亲们将如此重要的部分都托付给了学校，无条件地信任学校。在他们心里，学校是育人的地方。我上中学的时候，父母会到学校进行"板子交接仪式"，他们将一个竹制的板子交给老师，并说"请好好管教我家的孩子"，而不是说"请把我的孩子培养成人"。所谓教育，应该是将孩子培养成人。可制度化教育的结果却与此相去甚远，这并不代表学校有错，因为学校的主要任务是进行生存教育而非人性教育。

认真贯彻问好的方法

为了庆贺岳父八十大寿，几年前我们曾租过一家火锅店举办家庭宴会。宴会开始后才匆忙赶到的侄子对着岳父说："爷爷，您好啊。"如果我家孩子这么问好，我一定会严厉地教训他。向其他老人问好时可以用"爷爷，您好啊"这句话，但对自己的外公绝对不该这么说。而且，侄子还用错了称呼。怎么能管外公叫爷爷呢！和长辈打招呼时一定要注视着对方的眼睛，明确称呼并自报家门。"外公，我是熙载，祝您八十大寿快乐。"这样说才对。对其他家族成员也不应该用一句"您好啊"敷衍了事，应该说"姨父您来啦！"。直接抛出一句"您好啊"是无礼的行为。侄子将自己的外公称为爷爷，参加家庭聚会时态度随意，就好像是去餐厅吃饭，这样的行为应该立刻被纠正。

其实，孩子这样也是情有可原的。没有人教过他们这些事情，他们自然也就无从得知。关于称呼和面对长辈时的用语等，父母应该进行明确的教导。语言体现一个人的教养，从对人的称呼可以判断出其家庭教育水平。

开始实施希望教育法之后，父母回到家时孩子应该出来迎接并问好。很多孩子会以正在学习或打游戏为借口，父母决不能纵容这种行为。孩子回家的时候，一定要注视着父母说"我回来了"。进门后随意喊一句"我回来了",然后溜进自己房间的行为要立刻改正,不过这也比进门后一句话都不说要好一些。

将孩子培养成有实力的人

将孩子培养成有魅力的人

亚历山大大帝征伐印度途中,遇到了哲学家第欧根尼,拥有全世界的人和一无所有的人就这样相遇了。第欧根尼正躺在河堤附近的沙滩上享受日光浴,亚历山大大帝上前问道:"有什么需要我帮忙的吗?如果有的话请尽管开口。"第欧根尼却回答说:"请不要妨碍我晒日光浴。"亚历山大大帝因第欧根尼而感受到了何为自卑,第欧根尼拥有他没有的东西——由内而外的自信。

人的魅力和外表无关,是由内散发出来的,这便是由内而外的自信。由内而外都充满自信的感觉是隐藏不住的。我们在欣赏宗教画时可以发现,圣人的身后都有一圈光晕,这便是专属于他们的光环,凡人周围就没有这种光环。思想境界高的人,自带这种光环。和这类人哪怕只是见上一面，也是非常治愈的。圣人自带光环是自然而然的，这对凡人来说却是强求，但魅力是凡人可以拥有的。所谓魅力，即"令人动摇的力量"，拥有魅力便可走向幸福人生。有些人生来就有魅力，比如外表和身材出众就是一种魅力，经济宽裕也是一种魅力。从"钱可生钱"的社会模式来看，虽然金钱不是万能的，但拥有金钱时能做的事远比没钱时要多。外表、身材和金钱可以给人外在的自信，但内在的自信和魅力取决于能力、人品和教养。这些都可以通过自己的努力去争取。当今社会，魅力来自精心打磨的人品和教养。所以说，有时间感叹不如多读书。

教育孩子"接受帮助也是一种实力"

"开始是成功的一半"这句话强调了行动的重要性。所有的事只要决心开始，障碍自然会被扫清，而且实践过程中个人的能力也必定会得到提升。所以说，有时憨直的行动力比精于计算的头脑更重要。

有一位朋友非常执着写书这件事。他一直梦想着自己写一本书，无奈文字功底不够深，但他还是硬着头皮写了。有家出版社表示，如果稿件质量可以的话就会帮他出版，但他的文字能力实在有限，内容本身不够有深度，整体节奏也很混乱。出版社向他提议找一位代笔的老师，他就联系了我。我看了他的文稿，无论单句还是段落都一塌糊涂，很多地方用力过猛所以显得冗长。我和他细细说明：应该先拟订一个主题，之后构思整本书的结构、篇章的结构，每个段落控制在500字左右。关于整体节奏该如何把控，我也给他展示了案例。就这样，他终于完成了这本书。这位朋友虽然自身能力不足，但是他懂得借助他人的能力来弥补自己的不足。真正充满干劲的人，即使自己能力不足也会借他人之力，这也是一种能力。懂得通过他人的帮助来提升自己的能力也是非常重要的能力，因为任何人都无法孤立地生活。

除此之外，很多读取硕士、博士学位的人在写论文时都接受过他人的帮助。很多有研究能力但文字能力较弱的同学都得到过写作方面的指导与帮助，最终才能顺利毕业。这些同学的共同点是，他们都意识到"写论文并不是孤军作战"。也许正因为有这一过程，他们才能做到懂得越多越谦虚吧。接受帮助不尴尬，不好意思接受帮助的态度才尴尬。

将孩子培养成懂得倾听和感恩的人

人和人之间应保持基本的礼仪。人际关系可分为水平向关系和垂直向关系，与轻松自在的水平向关系相反，垂直向关系多少有些不便之处。即便如此，人们始终需要这两种关系来保持平衡。过去的亲子关系多为令人不太舒服的垂直向关系。而当今社会中，亲子关系多为亲密的水平向关系，这也导致孩子们缺乏礼仪、责任感。如果说过去的亲子关系是有骨无肉，那么当下的亲子关系则为有肉无骨。

一个人是否懂得基本的礼仪，可以从他的生活态度和自身魅力中得知。人和人之间的关系可能源于我们主动靠近对方，也可能源于对方先联系我们。无论是水平向关系还是垂直向关系，所有的人际关系均以基本礼仪为基础。子女有应对父母遵守的礼仪，反之也是如此。即使是朋友之间，如果不遵守礼仪，关系也会很快破裂，当代年轻人放弃经营人际关系的理由之一是，自己主动靠近对方的时候遭到了拒绝。其实，被拒绝有很多种原因，有可能是对方和你兴趣不同，有可能是你没有遵守礼仪，也有可能是那个人的性格不好，又或者对方原本就是个没礼貌的人。

维持关系还需要做到另一件事：懂得感恩。在人际交往中，感恩带来的力量要大于其他的事情，它比任何事都重要。父母应该在孩子小的时候就教育他懂得感恩。感恩不仅有助于缓解压力、增强免疫力、疗愈内心，还能提升自信，增强我们随机应变的能力。教育子女懂得感恩就相当于为他们安装了一个可以轻松捕捉到幸福的装置，这样一来，子女在日常琐碎中便可感受到幸福。如果有人问我幸福的代名词是什么，我会毫不犹豫地回答"是感恩"。不懂得感恩的人是不可能拥有幸福的。幸福的人都有共同的特征：即使对微不足道的事也心怀感激。

用心栽培后，将孩子放飞到世界舞台

培养孩子的毅力

大家都知道"磨杵成针"这个成语。相传，中国唐代诗人李白某天遇到了一位老奶奶，她正拿着一根铁棍用力地磨着。李白问老奶奶这是在干什么，她回答说为了磨出一根绣花针。李白大吃一惊："这么粗的铁棍，什么时候才能磨成针啊？"老奶奶回答说："只要坚持不懈地磨下去，总会磨成针的。"从此以后，"坚持不懈"四个字就深深地刻在了李白的脑海中。从那以后，李白刻苦学习，最终成了杰出的诗人。另一个四字成语"愚公移山"讲的也是同样的道理。

大学时期，我曾在社团里学习过"四君子"。为了学习"四君子"，光画线我就练习了整整三个月。画线是锻炼笔力的基本功课，少了这一步骤，连一朵兰花都很难画好。可很多报名学习"四君子"的人没学够三个月就退出了，大家退出的理由大致有两种：有些主张自己是去学习"四君子"的，不是去学画线的；有些认为自己没有这方面的才能。说实话，他们只是无法忍受枯燥单调的画线练习。我为他们中途放弃感到可惜。有没有学习"四君子"的才能，完全可以坚持三个月再做判断。再说，只有真正学习过，人生才不会有遗憾。画线并非易事，要先学从左到右的画法，再学相反方向的画法，然后学画竖线、对角线，最后还要学习把控线条的粗细。光是学习这些，我就花了整整三个月的时间，学完画线后才能开始学习画兰花，才能创作完整的画作。入伍服役前，我还学了韩文书法。学书法不用练习画线，而是在课程第一天就开始对着师父的字体临帖描红。因为我已经有了基础的笔力，自然可以省略这个步骤。也正因为写得一手好书法，我才能以特长兵的身份服役。

基本功扎实的人，无论做什么都能快速掌握要领。所以，无论我们要做什么，练好基本功才是关键。韩国SBS电视台有档名为《生活达人》的节目，节目中的嘉宾做自己擅长的事情时，即使心不在焉也可以做得很好。即使不经过大脑，身体依然记得该怎么做，这一现象被称为"图式（Schema）"。无论做什么事情都要循序渐进，达到一定水平之后才能进入下一阶段。所以，对于一件事情，无论喜欢与否，既然做了就要坚持到底。脑科学相关研究表明，人类的大脑会随着我们做的事情的刺激而不断变化。因此，无论是学习体育项目或乐器，还是学习艺术，都要练好基本功，不然即使进入了下一环节也不会有进步。技巧可以在短时间内学会，但技术不能。

即使是被迫去做的事，做到一定程度我们也会有所收获。我在做训练兵时就有过这类经历。入伍后最让我苦恼的就是晨跑。虽然之前我也曾跑过几次短途马拉松，但每天早晨雷打不动地跑上10公里真不是一般的累。跑步途中，即使肌肉酸痛也不能停下来休息，而且我们还穿着军靴、绑着子弹带、提着枪，这种情况下跑起来就更要命了。有时看着前方队友的背影，我就会在脑海里构想这么一出戏：晨跑时前方有人晕倒，上面决定暂停晨跑活动。可6周之后，训练即将结束时，我发现跑10公里对于我来说已经像散步一样轻松了，跑步时和队友闲聊的感觉就好像大家一起坐在咖啡厅闲聊一样。

有段时间，"grit"一词的使用频率非常高。所谓"grit"，指的不是个人的能力，而是坚持到最后的毅力。"grit"教育理念认为，在达成目标前一直坚持不懈努力去做的人，最终必定会取得成功。虽然"grit"一词可以翻译成"坚毅"，但感觉还是无法100%传递它的意思，所以我在这里保留了原词。"grit"之所以会出现在大众面前，应该是因为美国出现了太多因"过度尊重""过度以孩子为中心"等教育方式而陷入无助感的孩子。"grit"可以看作对之前教育方式的反抗。那些才华横溢、头脑灵活、家庭环境良好的孩子之所以没能成功，之所以没取得任何成就，大多是因为缺乏这种品质。我们本该像磨杵成针和愚公移山的故事所讲的那样，抱着拼死坚持到最后的态度去生活，可现在，孩子们的问题恰恰就在于太容易半途而废。

给孩子留下精神遗产

1971年3月，某企业的创立者离开了人世。作为积累了巨额财富的企业创始人，他的遗嘱自然受到万众瞩目。他在遗嘱上留下了这样一段文字。

> 我将赠予孙女1万美元，作为大学毕业前的学习费用，将位于学校内部的墓地和其周边约5000坪[1]的土地赠予我的女儿。我希望这片土地

---

[1] 一坪约占3.3平方米。——译者注

上可以建造一座公园，不要做任何限制，以便初、高中生可以随意进出。希望孩子们可以保持纯真的心灵和坚定不移的意志力，这样我在九泉之下便可瞑目了。我将把持有的所有股份都赠予社会。希望女儿可以好好照顾我的妻子。儿子们既然已经从大学毕业，从此以后独立生活便是。

这份遗嘱的确令世人震惊，但是我们回顾一下这位企业家的生平就会发现他这么做是有原因的。他就是在日本侵占韩国期间，为了"找回失去健康国民的韩国"而创立了制药公司的柳一韩博士。他的女儿柳在拉女士铭记父亲的崇高遗愿，于1991年离开人世之际将个人财产全部赠予社会。

尾声

父母是孩子最好的老师

　　读过《大孩子的希望教育法》后来找我做心理咨询的父母都说过同样一句话——感觉自己的孩子好像是别人家的孩子；感觉孩子属于国家和社会，属于学校，就是不属于自己。所以，我建议父母重新找回自己的孩子，不要再迷信学校。这并不是说不让父母送孩子去学校，而是希望父母明确一件事：学校和家庭分工不同，父母不应该把自己该做的事推给学校。父母不对孩子进行人性教育，反而责怪学校，这样只会两败俱伤。学校的责任只有一个：对已经接受过人性教育的孩子进行生存技能方面的教育。

　　韩国的教育系统深受美国实用主义教育学家约翰·杜威的影响，以"满足孩子的需求"为核心，所以父母才会过度以孩子为中心，导致孩子成为"暴君"。

　　犹太人的教育主体是父母。两千年前已流散在世界各地的犹太人，并没有将教育局限于某一空间，而是将家庭作为主要的教育场域。当父母成为孩子的老师时，孩子才是自己的孩子，父母也才是孩子的父母。

如果您坚持读到了这里，那么从今天开始，就不要再将孩子当作"国王"来侍奉。希望父母可以稳固教育主体的位置，父母独立万岁！

附录：希望教育法检查清单

项目		检查事项&评分 (1~10分)							
		一	二	三	四	五	六	日	确认栏
孩子需要做的事	1.是否遵守起床和就寝时间								
	2.是否遵守智能手机使用时间								
	3.是否遵守上网时间								
	4.规范言辞（不满）								
	5.收拾自己的房间								
	6.按时上学								
	7.问好								
	8.帮忙做家务								
	9.为完成梦想而努力（学习, 打工等）								
	10.读书								
	11.运动（活动身体）								
	12.做志愿活动（帮助他人）								
	总分								

项目		检查事项&评分 (1~10分)							
		一	二	三	四	五	六	日	确认栏
父母应实施的教育方法	1.练字 (每天20分钟)								
	2.读书 (必读书)								
	3.父母率先讨论读书内容								
	4.练习倾听能力								
	5.使用"YES BUT+YES HOW"的话术								
	6.给孩子下达明确的指示								
	7.确认孩子有无遵守命令								
	8.不要意气用事								
	9.称赞和褒奖								
	10.批评和惩罚 (没收)								
	11.花时间陪孩子 (外出就餐, 玩耍, 旅行)								
	12.祈祷								
	总分								

图书在版编目（CIP）数据

别把孩子教成"国王"/（韩）李丙准著；拓四光
译．—上海：上海三联书店，2023.8
ISBN 978-7-5426-8149-2

Ⅰ.①别… Ⅱ.①李… ②拓… Ⅲ.①家庭教育
Ⅳ.① G78

中国国家版本馆 CIP 数据核字 (2023) 第 115697 号

Original Title: 왕이 된 자녀, 싸가지 코칭
"왕이 된 자녀, 싸가지 코칭" by Rhee Byeong-joon
Copyright©2020 by Rhee Byeong-joon
All rights reserved.
Original Korean edition published by Phytoncide Publishing House
The Simplified Chinese Language edition © 2023 Beijing Guangchen Culture
Communication Co., Ltd. The Simplified Chinese translation rights arranged with
Phytoncide Publishing House through Enters Korea Co., Ltd. Korea.

著作权合同登记　图字：09-2023-0507

别把孩子教成"国王"

著　　者	［韩］李丙准
译　　者	拓四光
总 策 划	李　娟
策划编辑	张碧英
责任编辑	方　舟
营销编辑	陶　琳
装帧设计	潘振宇
封面插画	芊　祎
监　制	姚　军
责任校对	王凌霄
出版发行	上海三联书店
	（200030）中国上海市漕溪北路331号A座6楼
邮　　箱	sdxsanlian@sina.com
邮购电话	021-22895540
印　　刷	北京盛通印刷股份有限公司
版　　次	2023年8月第1版
印　　次	2023年8月第1次印刷
开　　本	787mm×1092mm　1/32
字　　数	135千字
印　　张	8.75
书　　号	ISBN 978-7-5426-8149-2/G·1681
定　　价	56.00元

敬启读者，如发现本书有印装质量问题，请与印刷厂联系15901363985

猴 面 包 树

人啊，认识你自己！